MÁRCIA MODESTO

REFLEXÕES E EXPERIÊNCIAS

ENTRE QUATRO PAREDES

Márcia Modesto

REFLEXÕES E EXPERIÊNCIAS
Entre Quatro Paredes

1ª edição

São Paulo, 2016

Copyright© 2016 by **Editora Leader**
Todos os direitos da primeira edição são reservados à **Editora Leader**

Diretora de projetos
Andréia Roma

Diretor Executivo
Alessandro Roma

Diagramação
Roberta Regato

Capa
DesignCRV

Revisão
Miriam Franco Novaes

Gerente comercial
Liliana Araujo Moraes

Impressão
psi7

Dados Internacionais de Catalogação na Publicação (CIP)
(Câmara Brasileira do Livro, SP, BRASIL)

M696r 1.ed.	Modesto, Márcia Reflexões e experiências: entre quatro paredes / Márcia Modesto. – 1.ed. – São Paulo: Leader, 2016. ISBN: 978-85-66248-68-5 1. Autoajuda. 2. Psicologia. 3. Psicólogo. I. Título. CDD 158.1

Índice para catálogo sistemático:1. Autoajuda 158.1

EDITORA LEADER
Rua Nuto Santana, 65, 2º andar, sala 3
Cep: 02970-000, Jardim São José, São Paulo - SP
(11) 3991-6136 / andreiaroma@editoraleader.com.br

Agradeço inicialmente aos meus pais, Odete e Juarez, com os quais aprendi qualidades essenciais para a minha vida. Com minha mãe aprendi a solidariedade, a tolerância e o amor ao próximo. Com meu pai, o gosto pelas palavras e pelos livros. Ele foi sempre meu grande incentivador. A eles dedico o capítulo Coragem, Virtude dos Fortes?

A minha avó materna, Deolice, com quem aprendi a olhar a vida amorosamente. A ela dedico o capítulo Otimismo, o caminho para a paz interior.

Aos meus irmãos, Marcus e Marcella, pelo apoio e por me ensinarem a lidar com as diferenças. A eles dedico o capítulo Aceitação, Essência da Superação.

Ao mestre Gregorio Franklin Baremblitt, fundador do Ibrapsi (Instituto Brasileiro de Psicanálise, Grupos e Instituições), onde fiz minha formação psicanalítica. Muito do que sei e sou devo a ele. Minha gratidão eterna.

Ao mestre Moisés Groisman, fundador e diretor da Núcleo-Pesquisas, instituição de terapia familiar mais antiga em atividade no Brasil, onde fiz minha formação em Terapia de Casais e Famílias. A ele, meu reconhecimento e gratidão pelas descobertas de mim mesma através de um olhar transgeracional.

Um agradecimento muito especial à querida amiga, parceira e companheira de muitas histórias, médica psiquiatra e psicanalista Betty Nesanelovicz. Sua generosidade ao escrever o prefácio é de um valor inestimável, assim como sua amizade.

Agradecimento especialíssimo à jornalista Leda Nagle, profissional ilustre, que carinhosa e generosamente escreveu a contracapa deste livro.

Aos amigos Adriana e Mariano Martinoia, agradecimentos especiais por todo o apoio e incentivo. Adriana foi sempre incansável companheira nesta jornada. Sempre disponível para me auxiliar no que precisasse.

À psicóloga e amiga Candida Camargo, companheira de trabalho, por muitos anos, na Perícia Médica do antigo Iperj, meu muito obrigada por seu carinho ao fazer a leitura dos originais deste livro e ser tão positiva na avaliação.

À querida amiga jornalista Zilda Ferreira, por sua disponibilidade e presença constante nos projetos da minha vida.

Aos queridos amigos, de ontem e de hoje, que vibraram com este projeto.

A todos que passaram pelo meu consultório e ajudaram a me tornar a pessoa e profissional que sou. Suas vivências me ensinaram o que é, verdadeiramente, importante na vida.

E, por fim, aos queridos pacientes que se dispuseram a compartilhar suas experiências. Suas vidas enriqueceram o conteúdo deste livro e consolidaram a minha certeza de que vale a pena seguir. Por mais difícil que seja o caminho, há sempre uma nova possibilidade.

Minha gratidão eterna a todos vocês que fizeram e fazem parte da minha vida, em diferentes contextos e momentos.

Prefácio 10

Introdução 14

Capítulo 1 17
Psicoterapia, eu preciso?

Capítulo 2 23
Aceitação, essência da superação
Reflexão: Regina 30
           Carolina 34

Capítulo 3 37
Coragem, virtude dos fortes?
Reflexão: João 46
           Leo 50

Capítulo 4 55
Otimismo, o caminho para a paz interior
Reflexão: João Carlos 59
           Guilherme 61

Capítulo 5 65
Perdão, a chave para a liberdade
Reflexão: Patrícia 69
           Clara 71

Capítulo 6 73
Fé, combustível para a vida
Reflexão: Melissa 80
           Carlos Augusto 83

Conclusão 86

PREFÁCIO

Betty Nesanelovicz
Médica Psiquiatra, especialista formada pelo Instituto de Psiquiatria da UFRJ (Universidade Federal do Rio de Janeiro). Psicanalista formada pelo Ibrapsi (Instituto Brasileiro de Psicanálise, Grupos e Instituições), Atendimento ao Adolescente em Conflito com a Lei no Degase (Departamento Geral de Ações Socioeducativas). Psiquiatra na Clínica da Família no Posto de Saúde Manuel José Ferreira. Consultório particular.

Quando fui convidada para escrever o prefácio deste livro, fui tomada por uma intensa alegria e um sólido sentido de honra. E, também, por um senso de preocupação e responsabilidade, porque descrever sobre uma obra literária tão importante como esta não é uma tarefa muito fácil. Assim, cabe a mim iniciar as minhas impressões afirmando aos leitores que este livro é feito de inspiração.

Permita-me, por um momento, a título de ilustração, reportar-me aos tempos da civilização grega, cuja tradição era cultuar os seus deuses que habitavam um lugar chamado Monte Olimpo. Um mundo arquetípico onde também abrigavam as Musas e as Graças, as belas e justas divindades inspiradoras das Artes e sentinelas das virtudes. Sempre admiradas pelos deuses do Olimpo, elas eram constantemente convocadas para transmitirem a sabedoria não só para os deuses como também para os mortais. Consideradas seres muito importantes, eram encarregadas de levar um determinado conhecimento aos homens a partir de seus domínios.

E, agora, a título de imaginação, faço uma oportuna associação da autora com o universo dos mitos, quando ela parece ter sido contemplada pelos deuses, inspirada pelas Musas e agraciada pelas Graças, resultando na confecção desta obra. Pois o livro inteiro, além de inspirar profundidade, força e beleza, também transmite belas mensagens para que, na Terra, os mortais possam realizar uma trajetória de vida mais virtuosa.

Ouso afirmar que a autora nos revela o que vem lá da sua própria beleza e justiça interiores quando discorre, com maestria, sobre a importância das virtudes da fé, da aceitação, do otimismo, do perdão e da coragem na existência de todos os seres humanos. Sou conhecedora da sua personalidade e da sua longa trajetória profissional, e reconheço nesta obra os seus atributos de seriedade e firmeza que foram colocados a serviço de uma missão fundamental: ajudar as pessoas a buscar recursos essenciais para a superação de suas dores psíquicas.

Cabe a mim, também, a deferência de constatar que os seis capítulos do livro estão ordenados de tal forma que os leitores poderão obter um claro entendimento e um aprendizado importante, que, para aqueles que se dispuserem, poderão ser bem aplicados, a qualquer tempo, em todos os seus contextos vitais.

Gostaria de destacar a maneira como a autora vai interligando, como um fio de ouro, cada um dos capítulos, oferecendo aos leitores os significados principais assim como faz analogias com as tradições mitológicas e filosóficas. Enriquece os temas através dos esclarecimentos de alguns conceitos e fundamentos teóricos da Psicanálise de Freud e da Psiquiatria. Segue abrilhantando os textos com a cuidadosa exposição dos depoimentos dos pacientes que trazem à tona os seus problemas pessoais e seus sofrimentos.

As intervenções terapêuticas ganham um especial destaque, pois exibem as interessantes estratégias de atuação da profissional, e devem ser lidas e relidas, porquanto se mostram legitimamente inteligentes e docemente acolhedoras.

Assim, para cada caso a autora vai demonstrando o seu incansável empenho na aplicação das respectivas intervenções terapêuticas, as quais não só contribuem para a redução do sofrimento dos seus pacientes como também promovem um necessário processo de autoconhecimento.

Vale dizer que toda a fascinante busca do autoconhecimento de um homem, seja individualmente ou com a ajuda de um profissional, deve incluir não só o despertar das suas virtudes como também a descoberta das próprias capacidades e da constante conscientização de conceitos e preconceitos, possibilitando uma construção e reconstrução de si e do seu meio ambiente. E a leitura deste livro motiva os leitores a iniciarem um percurso psicológico em direção aos seus potenciais de transformação para uma existência mais saudável, tanto no plano individual como no social.

Então, para cada um cabe a oportunidade de permitir que os reflexos dourados das lindas reflexões propostas pela autora os inspirem e os iluminem em sua interioridade.

Assim, finalizo as minhas impressões, afirmando que esta obra literária pode ser considerada um manancial de conhecimento não só educativo como também atemporal e valioso. Esta obra surge para inspirar a todos aqueles que buscam se tornar melhores e melhorar a humanidade na medida em que vão agraciando suas almas com as virtudes da aceitação, da coragem, do otimismo, do perdão e da fé.

REFLEXÕES E EXPERIÊNCIAS

INTRODUÇÃO

Há muito tempo penso em escrever sobre o profundo aprendizado que minha profissão oferece, no desafio instigante que é penetrar no universo pessoal de cada um que me procura como psicoterapeuta. A ideia de escrever este livro veio como um desafio: conseguir ultrapassar as paredes do consultório e ajudar mais gente a encontrar seus caminhos.

Depois de tantos anos de trabalho, minha visão se torna cada vez mais clara sobre o que é, verdadeiramente, importante para o ser humano. Não tenho dúvidas de que precisamos buscar ferramentas para recuperar o equilíbrio essencial para a vida. Precisamos sentir-nos bem. Viver em plenitude.

Encanta-me cuidar de gente, é uma viagem maravilhosa (e, muitas vezes, dolorosa) a cada mundo individual, sempre muito rico de sentimentos e possibilidades. Quantas histórias, quanta luta, quanta dor estampada no olhar, no corpo, no abraço de cada um.

Muitas vezes, quando recebo alguém pela primeira vez, o olhar que a pessoa me dirige já me comove e sinaliza as tempestades que está enfrentando. A cada dia tenho mais a certeza de que todos têm a capacidade de se recuperar dos traumas e sofrimentos. O caminho, muitas vezes, é estimular aquele recurso que, a princípio, não está visível. Somos todos capazes de fazer mudanças, basta querer. Entretanto, existem momentos em que é absolutamente necessária aquela mão estendida, aquela escuta compreensiva e aquele olhar de acolhimento.

Para mim, nada se compara ao prazer de acompanhar a evolução e o crescimento de alguém. Por valorizar o modo como cada um pode estar no mundo – construindo, desconstruindo ou reconstruindo a própria existência – considero essencial uma ação que encurte os caminhos para o enfrentamento dos diversos tipos de sofrimento que atingem o ser humano. Há quem fique paralisado diante da própria vida, e, para ele, a conquista de novas atitudes envolve maior investimento emocional. Mas, há também os que querem mover-se para frente e não desistem da busca de solução para seus problemas. Para todas essas pessoas pretendo levar algum alento, estimulando novas formas de pensar e agir.

Meu objetivo principal é abordar os cinco principais fatores facilitadores para uma vida melhor: **aceitação, coragem, otimismo, perdão** e **fé**.

No meu cotidiano profissional, convivo com pessoas que falam de dúvidas, perdas, separações, conflitos, medos, angústias, tristezas e muitas outras emoções. E, ao longo desses anos de trabalho, acompanhando o processo individual, conjugal e familiar dos que me procuram, percebi que a aceitação, a coragem, o perdão e a fé entravam, em um momento ou outro, como ingredientes fundamentais para a resolução de muitos conflitos.

Todas as pessoas procuram alguém que possa ouvi-las e compreender suas dificuldades. Isto acontece porque o simples, porém, difícil ato de falar atenua a dor e abre as portas para a busca de soluções. Também aqui, neste livro, pretendo interagir com você. Ao longo dessa nossa jornada vou colocar, a cada capítulo, histórias reais, vividas por alguém de quem acompanhei (ou acompanho) o processo pessoal de evolução. Além disso, ao final de cada capítulo, serão colocadas questões que levem algum tipo de reflexão acerca de sua vida. Com essas reflexões, pretendo despertar em você a vontade de se mover na busca de melhores caminhos.

Somente com a revisão de situações antigas e repetidas é que poderemos alcançar um estado de equilíbrio e paz pessoal. Tenho certeza de que todos estão em busca de uma relação mais prazerosa com a vida e, nesse sentido, espero que tirem o melhor proveito deste livro. Vamos lá, não há tempo a perder.

A autora

PSICOTERAPIA, EU PRECISO?

Muitas pessoas me questionam sobre o porquê de fazer uma psicoterapia, para que serve e como funciona.

Existe, também, muita dúvida sobre quem é o psicólogo, o psicanalista e o psiquiatra. Sempre me perguntam a diferença entre estes profissionais.

O psicólogo, durante cinco anos, cursa a faculdade de Psicologia, estudando sobre o comportamento humano.

Várias abordagens sobre o ser humano são apresentadas, possibilitando uma melhor compreensão da dinâmica emocional dos indivíduos.

É um profissional que por princípio deve ser respeitoso e compreensivo para com as diferenças e dificuldades trazidas à sua atuação como profissional e, é claro, na sua vida.

Sendo a sua matéria de estudo o comportamento humano, é preciso estudar muito, estar sempre atualizado no que diz respeito à realidade social, política, econômica.

Existem várias áreas de atuação e especialidades:

- Psicólogo especialista em Psicologia Escolar/Educacional.
- Psicólogo especialista em Psicologia Organizacional e do Trabalho.
- Psicólogo especialista em Psicologia de Trânsito.
- Psicólogo especialista em Psicologia Jurídica.
- Psicólogo especialista em Psicologia do Esporte.
- Psicólogo especialista em Psicologia Clínica.
- Psicólogo especialista em Psicologia Hospitalar.
- Psicólogo especialista em Psicopedagogia.
- Psicólogo especialista em Psicomotricidade.
- Psicólogo especialista em Psicologia Social.
- Psicólogo especialista em Neuropsicologia.

Como psicólogo clínico, no consultório, funciona como um espelho vivo, permitindo que as situações trazidas sejam vistas e revistas, com o propósito de causar um movimento de mudança. Permite que o indivíduo enxergue melhor sua dinâmica pessoal, em todas as áreas da vida, identificando os problemas relacionados aos seus comportamentos. A Psicoterapia busca ajudar o paciente a resolver estes problemas para que possa ter uma vida melhor (qualidade nos relacionamentos familiares e sociais em geral). O psicólogo clínico dispõe de várias estratégias e intervenções, seguindo a linha teórica de sua preferência e estudo.

Uma dessas linhas é a Psicanálise, criada por Sigmund Freud.

Um psicólogo pode ser um psicanalista também. Além dos cinco anos da faculdade, mais cinco, ao menos, são necessários para entender toda a estrutura teórica e prática descrita por Freud.

A Psiquiatria é uma especialidade da Medicina relacionada à prevenção, atendimento, diagnóstico e tratamento das diferentes formas de sofrimentos mentais, sejam elas de origem orgânica ou funcional, com manifestações psicológicas severas. O médico psiquiatra procura auxiliar e aliviar, com os medicamentos indicados, o sofrimento psíquico das pessoas. Muitas pessoas se preocupam se estão ficando loucas quando é feita a indicação para consultar um médico psiquiatra, e ficam extremamente desconfortáveis. Não é verdade que fazer uso de medicação psiquiátrica é exclusividade dos loucos. Devemos recorrer ao psiquiatra quando há muita dificuldade de gerir a própria vida, controlando os próprios impulsos e emoções. Às vezes, só com a Psicoterapia este processo fica muito longo, e o sofrimento psíquico muito intenso.

Muitas vezes, a ansiedade, os medos ou a depressão incapacitam de tal maneira uma pessoa que a impossibilitam na elaboração dos conteúdos tratados na Psicoterapia.

Psicoterapia e Psiquiatria são parcerias indispensáveis em muitas situações. O psiquiatra também poderá ser psicanalista.

E a famosa Psicanálise, onde entra?

Sigmund Freud (1856-1939) era médico neurologista. A partir do estudo dos sintomas apresentados por alguns dos seus pacientes desenvolveu a teoria e a técnica psicanalítica. Para Freud, o inconsciente é a fonte de energias, desejos reprimidos e depósito de velhas lembranças. Seu objeto de estudo é o inconsciente e sua técnica é baseada na livre associação das ideias. Ele realizou muitas descobertas de sua teoria fazendo autoanálise e também analisou rigorosamente seus sonhos e os de seus pacientes.

Bem, agora você tem uma pequena noção das diferenças dessas formas de atuação.

Volto à questão apresentada no título: psicoterapia, eu preciso?

É importante que se entenda que a Psicoterapia pode levá-lo a fazer mudanças significativas na sua maneira de encarar a vida e os relacionamentos.

Será que você precisa mesmo? Responda a estas questões:

1. Sente-se bem adaptado à sua vida?
2. Há algo que o incomoda muito?
3. Sente dificuldade de expor seus pensamentos e sentimentos?
4. Necessita da opinião e orientação de outras pessoas para tomar suas decisões?
5. Sente-se com medo de encarar certas situações da vida?
6. Passa a maior parte do tempo sozinho?
7. Sente-se triste na maior parte das vezes?
8. Não consegue ter um objetivo?
9. Sua história de vida é um fardo difícil de suportar?
10. Não vê solução para os seus problemas?

11. "Aluga", constantemente, seus amigos e familiares para desabafar sobre seus problemas?
12. Tem dificuldades com sua sexualidade?
13. Consegue sentir afeto e amor pelas pessoas?
14. Casou-se? Seu casamento é feliz?
15. Constituiu uma família? Sente-se bem nesta família?
16. Tem filhos? Sente-se seguro em educá-los?
17. Conseguiu escolher uma profissão?
18. Sente-se realizado em seu trabalho?
19. O que é viver bem para você?
20. Vê sentido em estar vivo?

    Se a metade de suas respostas não for satisfatória, pense seriamente em buscar uma ajuda profissional. Não negue a você esta oportunidade. Pode estar pensando agora que isso não resolverá seus problemas, que não serve para nada. Posso dizer-lhe que, provavelmente, muitos dos seus problemas continuarão os mesmos, mas sua forma de enxergá-los pode se modificar e isso, com certeza, diminuirá muito o seu sofrimento. Quem sabe ao ler, a seguir, a vivência de Mariana e de outras pessoas e suas histórias reais, ao longo deste livro, contando sobre o seu processo de desenvolvimento pessoal, você sinta-se mais tranquilo para fazer este mergulho dentro de si mesmo.

    Mariana, 58 anos, solteira, secretária executiva bilíngue, sem filhos. Única filha de pais portugueses, recebeu uma educação muito rígida, com uma mãe manipuladora, controladora e um pai frio, emocionalmente distante. Este contexto familiar lhe causava muita ansiedade e acabou por lhe acarretar diversos problemas físicos, com somatizações diversas. Aos 21 anos desenvolveu um quadro de Síndrome do Pânico, que a levou a procurar ajuda psicológica. Tinha uma enorme sensação de impotência para lidar com o dia-a-dia, as sensações que o pânico lhe dava eram muito desagradáveis: ficava ofegante, tinha sensações de desmaio, perdia a visão por alguns segundos, tinha dores intestinais, medo de tudo, especialmente de sair sozinha. Essas dores intestinais a constrangiam muito, a impediam de ter uma vida social normal. Se saísse com um rapaz, por exemplo, tinha logo um desarranjo e corria para o banheiro. No entanto, através da Psicoterapia, surgiu a conclusão de que havia desenvolvido esse quadro intestinal como uma forma de não sair daquele cenário de opressão imposto pela mãe. De certa maneira sentia-se protegida pelos "extremos cuidados" que ela oferecia. Como tinha sido excessivamente controlada pela mãe não desenvolveu um bom repertório pessoal de confiança e segurança para se mover no mundo e caminhar por si mesma. A Psicoterapia entrou em sua vida e a auxiliou a fortalecer sua autoestima e autonomia. Nesse processo de evolução pessoal, além de conseguir um bom cargo em uma empresa, conseguiu comprar um apartamento e mobiliá-lo, porém, não conseguiu se mudar para lá, ficou com receio de deixar os pais sozinhos, que já estão idosos, sente-se na obrigação de ampará-los. Quanto à vida amorosa, viveu um processo muito doloroso até conseguir sentir a confiança necessária pra sair com alguém. Foi um aprendizado de vários anos. Atualmente está numa relação estável, já durando um ano e meio.

Mariana nos relata um pouco da sua experiência com a Psicoterapia:

"*Fiz Psicoterapia por dez anos e foi o melhor investimento da minha vida. É sofrido, mas dá um retorno excelente, porque comecei a fazer naturalmente coisas que achava que não conseguiria. Quando estava melhor, mais segura para encarar os desafios do cotidiano, a terapeuta achou interessante fazer Psicoterapia de grupo para que pudesse conviver normalmente com outras pessoas e entrasse em contato com outras experiências. Foi um período excepcionalmente rico para mim. Reforcei a capacidade de ter boas relações com as pessoas e esta autoconfiança me ajudou profissionalmente, nunca achei que poderia alcançar um grande objetivo em função de todos os problemas que me acompanhavam, porém, comecei a enxergar o meu potencial e a crescer na empresa. Foi um processo tão natural que quando me dei conta já estava em uma excelente posição no trabalho e dominava todo o serviço ao meu redor.*

Saí de várias situações dolorosas e difíceis ao longo da minha vida, entretanto, acredito que toda pessoa pode superar qualquer coisa. Precisamos acreditar que toda dificuldade pode ser superada. Essa confiança reanima a autoestima e contribui pra uma vida com mais qualidade e significado".

2
ACEITAÇÃO, ESSÊNCIA DA SUPERAÇÃO

Perdas – o nome revela seu significado – são comuns em nossas vidas. Cada mudança, boa ou má, que atravessamos, seja porque nos desenvolvemos, seja porque tomamos uma decisão, fazemos uma escolha ou uma renúncia, costuma envolver uma perda.

Perdas são sentidas, por exemplo, quando percebemos que algo vivido não é mais como foi, quando enfrentamos uma ausência ou a partida de alguém querido. Para a mãe, o nascimento do bebê representa uma vivência de perda, pois o recém-nascido troca a vida em seu ventre pelo mundo.

Perdas também ocorrem quando entramos na infância, na adolescência, na fase adulta, na velhice e deixamos para trás as experiências de cada uma dessas fases. Estas mudanças causam, por exemplo, a perda dos mimos da infância e o abandono da irreverência adolescente. No entanto, abrem novas informações, com diversos requisitos e expectativas. Possibilitam a conquista de mais espaço, sabedoria e algumas "certezas".

Perdas nem sempre são negativas. Perdas podem ser positivas. Mas, para serem elaboradas, exigem de nós um sentimento especial: a capacidade de aceitação.

A aceitação é um comportamento que nos leva a perceber a realidade tal como ela é e, diante dela, desenvolver novas formas de vida. Quando aceitamos determinado acontecimento como um fato concreto, conseguimos dar continuidade à nossa história. Saímos da lamentação, da condição de vítima.

Muitas pessoas querem manter um padrão de comportamento e um estilo de vida completamente incompatíveis com o momento atual de suas vidas e sofrem muito por isso. Não aceitam que, por um tempo, vão precisar refazer suas rotinas e suas crenças.

Ouvi em um momento de dor que meu pai enfrentava a seguinte frase: "Em Roma, como os romanos". E a repito muitas vezes para meus pacientes e, em várias ocasiões, para mim mesma. Esta frase revela a sabedoria da aceitação, não do conformismo.

Vale a pena frisar que aceitação e conformismo não têm o mesmo significado. A aceitação, além de devolver o livre arbítrio pessoal, possibilita que, diante das perdas, seja feito um movimento na direção de novos rumos. É o que faz, por exemplo, alguém reagir e trabalhar para reverter os efeitos de situações negativas. O conformismo, ao contrário, mantém a pessoa sem nenhuma iniciativa nesse sentido. Há os que justificam sucessivas perdas como resultado da vontade divina e nada fazem para remover os fatores que as provocam.

Muitos costumam dizer: "A vida é difícil, mas acreditamos em Deus. Vamos vivendo cada dia contando com Sua ajuda". Conformam-se com a situação. Enquanto isso, nada fazem. Alguns podem pensar: "Isto é ter fé".

Posso até concordar, mas não sem questionar essa posição conformista. Essa é uma fé salvacionista. Entregando nas mãos de um ser superior todas as soluções para a minha vida não terei responsabilidade no resultado. Ter fé é mais do que se conformar com os desígnios de Deus. Ter fé é ter consciência da sua parte. Sobre esta fé raciocinada e responsável, conversaremos mais à frente.

A aceitação das perdas funciona como elemento do nosso crescimento e amadurecimento. Nesse processo, a formatura, o casamento, o nascimento dos filhos, a separação, o divórcio, a morte de alguém querido podem ser a fonte de descobertas de novas alternativas.

Aceitando as mudanças, ampliamos nossa capacidade de aprender, de nos emocionar e de nos relacionar. Evoluímos.

É natural que o fato de enfrentar as características e as exigências de determinadas alterações nos faça reagir, lamentar ou mesmo sofrer. Isso ocorre porque a condição humana requer um ponto de equilíbrio – ou homeostase – que muitas vezes parece distante. Por isso, com medo da perda, há quem deixe de saborear os próprios sonhos. Ou, como uma forma de reação às mudanças, busque justificativa na ameaça da perda.

A dificuldade para mudar o padrão de comportamento e aceitar as novas condições da vida pode nos paralisar durante anos.

Uma situação comum de falta de aceitação é quando nos fixamos no que não tem mais sentido para o momento, segurando o que já está pronto para amadurecer.

Quantas vezes – por muito tempo – guardamos no fundo dos armários roupas e objetos que não mais usamos? E, em alguns casos (mais graves), mantemos roupas, objetos, documentos de um ente querido que já morreu há tempos.

Certa vez, fui procurada pela mãe de um jovem que estava se "perdendo" nos caminhos das drogas. Ela não entendia o porquê dessa situação, ele tinha todo o carinho e conforto familiar. Durante a entrevista, perguntando sobre a situação familiar, soube que seu marido, pai do jovem em questão, havia morrido há 20 anos, em um acidente de automóvel, e seu filho, ainda muito pequeno, estava no carro com ele. A família, composta da mãe, duas filhas e este filho, desde então, guardava todos os objetos, roupas e documentos do "morto". A partir desta informação, ficou claro para mim que a melhor estratégia terapêutica seria reunir aquela família para trabalhar a aceitação daquela perda e realizar um ritual de despedida desse marido e pai.

Nos primeiros atendimentos foram trabalhadas a dor e o luto persistentes que eles viviam. O espaço terapêutico foi de total acolhimento e reflexão sobre os rumos daquela família.

O uso das drogas pelo jovem nada mais era do que um "pedido de socorro para o esquecimento" do trauma que viveu (e que era revivido diariamente). As drogas o anestesiavam, impedindo que tivesse consciência do tamanho da dor reprimida.

À medida que a família dava espaço para compreender e aceitar a morte daquele marido e pai, algumas tarefas foram determinadas para eles. Começaram a doar as roupas e objetos que guardaram durantes os longos 20 anos. Escolheram para quem e como fariam, foi um alívio. Desta forma iniciaram a despedida. A etapa final foi a queima, em meu consultório, de todos os documentos desnecessários. Queimaram juntos e puderam, através de um exercício psicodramático, falar para esta pessoa tão querida (como se estivesse presente) o que não tiveram tempo. As cinzas dos documentos eles levaram para jogar no mar, como um segundo funeral. Na verdade, este ritual sacramentou a despedida.

Após esse processo, ainda os acompanhei em poucos atendimentos. As sessões seguintes foram leves, e por que não dizer, até alegres. Eles sabiam que agora poderiam seguir com suas vidas. As drogas perderam o significado para aquele jovem, que estava mais interessado em continuar os estudos e abraçar a mesma profissão do pai.

O trabalho com esta família foi muito intenso e, claro, mobilizou as lembranças da morte de meu pai. Sabia, na prática, a dor que viviam. A diferença era que aceitei quando meu pai faleceu e este fator foi importante para eles. Contei sobre minha experiência de perda e minha dor. Sentiram-se acolhidos com o meu relato, o que facilitou que confiassem no processo terapêutico.

Já acompanhei, também, pessoas sofrendo perdas amorosas que mantêm guardadas cartas, bilhetes, papéis de bombons de um ex-amor. Não conseguem parar de sofrer, não conseguem processar a ruptura da relação.

Há muitos anos atendi uma mulher jovem que guardava uma camisa usada do namorado. Não a devolveu porque queria continuar sentindo seu cheiro, como se estivesse presente. Claro que este comportamento refletia sua dependência emocional de alguém que, supostamente, cuidava dela e a protegia. Na sua pesquisa familiar foi evidenciada a dependência afetiva intensa de seu pai. Perdeu sua mãe ao nascer e ele fez de tudo para protegê-la e não deixar que sofresse. Seu desespero com o rompimento do namoro era um reflexo dessa perda prematura da mãe e da necessidade de ter alguém que "preenchesse" este vazio. A cada separação, revivia com intensidade essa perda infantil. Foi um penoso trabalho de desapego e amadurecimento emocional. O processo terapêutico foi longo, mas teve um final feliz. Casou-se com um ótimo rapaz e já tem dois filhos. Participei de todas as etapas, inclusive dos nascimentos. Segue realizada, olhando para frente. Sabe que ninguém pode resolver sua carência infantil, porém, aprendeu que tem muitos recursos pessoais para administrar as perdas.

As perdas inevitáveis, como mortes inesperadas e doenças graves, são verdadeiras tragédias pessoais, são os *tsunamis* de nossas vidas, capazes de modificar nosso cotidiano.

Assim aconteceu com **Ana, 19 anos,** uma jovem inquieta intelectualmente, sempre em busca de novos conhecimentos. Com muitos questionamentos sobre a vida e a morte. Sobre a existência de Deus e sobre porque sofremos. Única filha de pais que se separaram quando ainda era bebê. Sua convivência com o pai nunca foi diária, viam-se nos finais de semana e férias, como faz a maior parte de filhos de pais separados. Sua relação com ele era boa, o que não impedia que ela tivesse muitos conflitos e dúvidas sobre como ele de fato era. Apesar de acreditar que os laços de amor entre eles não eram tão fortes assim, aos 12 anos viveu a pior experiência da sua vida: o perdeu assassinado em um assalto. Quando recebeu a notícia, tinha a nítida sensação de que estava em um pesadelo. Compreendia muito pouco tudo que estava acontecendo. Desde então, uma grande tristeza e uma enorme raiva se apoderaram dela. Não conseguia entender, e muito menos aceitar, o que estava acontecendo na sua vida. Fechou-se em sua dor, nutrindo um grande sentimento de revolta contra o pai.

"Como pode ter me deixado assim? Com certeza, ele foi o culpado do que aconteceu. Que ódio ser filha dele. Nunca mais vou ter a possibilidade de realmente conhecê-lo."

Não conseguia se desligar desses pensamentos e não falava para ninguém o que sentia. Foram seis anos (dos 12 aos 18, quando iniciou a terapia) ruminando este rancor e a mágoa por ter sido abandonada pelo pai (ao menos era assim que ela sentia, que ele a abandonara). Porém, sua mãe percebeu que não estava bem e numa conversa resolveram haver chegado a hora de buscar ajuda. Iniciou a Psicoterapia e gostou. Finalmente havia encontrado alguém com quem poderia dividir seus questionamentos sobre a vida e que, com certeza, a compreenderia. O que não esperava era que fôssemos falar sobre a morte do seu pai, pois ainda não estava preparada para mexer nesta ferida, que ainda sangrava muito. Mas foi inevitável. Pedi-lhe para escrever tudo o que sentia, o que gostaria de dizer ao seu pai e todas as suas dúvidas, mágoas e ressentimentos com relação a sua morte. Não suportou. Negou-se a fazer e abandonou a terapia. Não teve coragem de me comunicar sobre sua desistência, pediu à mãe que o fizesse. Na verdade, não queria desistir da terapia, só estava muito assustada. Então, enviei-lhe uma mensagem perguntando se gostaria de vir a uma consulta para conversarmos. Que, se não se sentia preparada para tratar da morte do seu pai, poderíamos esperar o momento certo. Enquanto isso, seguiríamos tratando de outros assuntos. Era o que precisava ouvir. Voltou. Continuamos o processo e percebo que amadureceu bastante. A aceitação da perda do seu pai começou a acontecer, naturalmente. Alguns dos seus questionamentos sobre a vida conseguimos esclarecer. Então, sentindo-se mais confiante, resolveu escrever para o seu pai.

Em uma sessão perguntei-lhe o que a levou a aceitar e começar a superar a dor. E ela me respondeu: *"Objetivamente, não sei. Não atribuo a nada especificamente. Acho que falar para outra pessoa sobre os meus sentimentos, ser questionada, perceber outro ponto de vista, tudo isso foi modificando o que pensava e o que sentia".*

De uma coisa nós duas temos certeza, Ana poderá seguir, construindo sua história. Tem um longo caminho pela frente.

Depois de ter escrito uma pequena carta para seu pai, ela me disse: *"Sei que, em muitos momentos, vou me perguntar: como seria se meu pai estivesse aqui?* **Jamais irei esquecê-lo, mas, hoje, tenho a certeza de que minhas lembranças serão sem dor, mágoa ou rancor. Estou feliz por ter tido, ainda tão jovem, a oportunidade de curar esta ferida."**

Segue a transcrição do que Ana escreveu para o pai:

"Eu sei que a culpa não foi sua. Eu sei que você me ama e eu te amo também, mas, quando você se foi, esse amor virou raiva.

Não quero mais ter raiva de você. Tudo bem. Eu te perdoo, não escolhemos o momento de partir. E não sou ninguém para julgar você, já quis, em alguns momentos, partir também.

Tudo bem, você pode ir. Pode ir. Pode ir. Vou ficar bem.

Adeus! Eu te amo!"

Nestes três casos, percebemos como as pessoas estavam aprisionadas em um sofrimento por não aceitarem o que a vida apresentou como irreversível.

Entretanto, com o exercício da aceitação, conseguiram recuperar sua força natural e buscaram alternativas para vivenciar essas ações violentas do destino.

Nascemos para a plenitude de nossa capacidade e para sermos felizes. Só superamos perdas e dores porque aceitamos o fato como definitivo.

Para o seu bem viver, pergunte-se:
– Como me conforto nos momentos de dor?
– Eu sei o que me faz bem?
– Busco ajuda quando preciso?
– O que ainda não aceito na minha vida?
– Há algo importante na minha vida que preciso deixar partir?
– Do que tenho medo de me despedir?

> *"Às vezes, eu chorava, mas logo pensava: vamos levantar a cabeça, vamos arregaçar as mangas, pare de chorar e vamos pra frente, pois você tem que caminhar sozinha. Esse foi meu lema, sempre!"*

Regina, 47 anos, solteira, pedagoga. Sem filhos.

"Nasci prematura, com seis meses, por uma absoluta necessidade de sobrevivência. Fui para a incubadora e o imponderável aconteceu, faltou energia no hospital, o que me levou a ter uma parada cardíaca. Com o passar do tempo, minha mãe começou a perceber meus movimentos lentos, como se me mexesse em câmera lenta. Começou a investigar e descobriu que o incidente no hospital havia me deixado sem oxigênio e provocou uma paralisia cerebral parcial, que comprometera minha parte motora, principalmente a lateral esquerda e os membros inferiores, atingindo as duas pernas.

A partir daí, começou uma investigação pra saber quais seriam as possibilidades de me desenvolver e poder andar. Tinha muita dificuldade pra engatinhar e me posicionar para dar o primeiro passo. Aos dois anos de idade, fiz minha primeira cirurgia nas duas pernas pra alongamento do tendão de Aquiles, por ser a possibilidade que havia, de acordo com a junta médica, para poder andar. Comecei, também, um tratamento de fisioterapia e, gradativamente, esse processo de engatinhar e andar foi melhorando. Paralelo a isso, ainda havia a dificuldade motora do lado esquerdo e um pequeno comprometimento da dicção. Aos 15 anos fiz uma nova cirurgia, para um aperfeiçoamento da primeira, estava em crescimento e o equilíbrio e o caminhar melhoraram significativamente. Nunca precisei de andador ou de muletas. Hoje ando normalmente, embora tenha uma perna um pouquinho mais curta que a outra. Minha infância foi marcada por exercícios intensos: terça e quinta-feira eu fazia natação, quarta e sexta-feira eu fazia fisioterapia. Não podia sair dessa rotina e sempre que havia a notícia de um tratamento novo íamos atrás. Havia a dúvida se futuramente eu teria capacidade de dirigir um carro. Aprendi a dirigir com 22 anos e consegui superar mais uma dificuldade. Ai, a sensação de liberdade foi maravilhosa. Apesar de tantas conquistas tinha dificuldade de enfrentar conflitos externos, as dificuldades inerentes à vida. Sentia vergonha de me expor, de me relacionar com os meninos na adolescência. Na escola, tinha três ou quatro amigos. Porém, só conseguia conquistar essas amizades em função do meu destaque nas notas. As pessoas se aproximavam de mim admiradas – 'ela tira uma nota boa em matemática, ela tira uma nota boa em português' –, aí me pediam ajuda para fazer dever de casa, para os trabalhos e eu sempre me prontificava a ajudar. Na adolescência, eu não procurei uma terapia porque meus pais achavam que a proteção que me davam, a atenção, já eram o bastante e diziam 'que terapia, que nada'. Eu escutava as pessoas falarem 'vou fazer terapia, vou procurar um terapeuta' e eu pensava: 'O que será essa terapia?' Às vezes, dava um nó na minha cabeça porque eu tinha o sonho de me casar aos 21 anos, ter cinco filhos. E eu não me casei, não tive filhos, hoje estou com 47 anos, sou uma profissional bem-sucedida, sou pedagoga e também bacharel em Direito. Trabalho numa escola muito importante, de destaque no Rio de Janeiro, atuo como orientadora educacional já há bastante tempo e lido com adolescentes todos os dias. Creio que tenho uma atuação profissional muito bacana, mas enfrentei muitos preconceitos ao longo de minha história. 'Como uma pessoa que tem uma dificuldade motora pode se dispor a dar uma aula?' E eu me lembro bem de uma escola na qual fui participar de um processo seletivo, com um currículo excelente, uma formação maravilhosa, mas não fui contratada em razão dessa dificuldade. Essas coisas me incomodavam e eu procurava apoio nos livros de autoajuda, de reflexão. Ficava atenta a certas histórias, nos muitos congressos e seminários de educação dos quais eu participava e absorvia os exemplos do 'outro' para meu próprio benefício. Às vezes, eu chorava, mas logo pensava 'vamos levantar a cabeça, vamos arregaçar as mangas, pare de chorar e vamos pra frente, pois você tem que caminhar sozinha'. Esse foi meu lema, sempre. O desafio era esse? Então, vamos enfrentá-lo. Tive muitos momentos de tristeza, porém, muitos momentos de determinação, porque as desculpas que me eram dadas no campo profissional me incomodavam demais. Na vida amorosa tive alguns paqueras. Beijei pela primeira vez aos 14 anos, mas namorado mesmo só tive na idade adulta. Um relacionamento que durou cinco anos. Porém, em função de muitas dificuldades de ambas as partes houve o rompimento. E quando terminou não tive condições de superar sozinha e foi então que resolvi procurar uma terapia, um suporte pra poder enfrentar a crise emocional que adveio. No final de março de 2010, procurei a terapia, porque o fim do relacionamento me deixara muito pra baixo, deprimida. Emocionalmente, eu me desequilibrei muito, fiquei sem chão e busquei, então, ajuda psicológica para mais uma superação em minha vida. A Psicoterapia durou, mais ou menos, dois anos e meio e foi muito bom este período. Ao longo desse tempo investi no mestrado, que me exigiu muita reflexão, muito equilíbrio não só profissional, mas pessoal, para que pudesse escrever minha tese, que era sobre um aluno especial. Paralelo a isso, eu também cursava Direito. E por que eu fui fazer o curso de Direito? Eu precisava provar a mim mesma que era capaz de ir além e o curso de Direito veio pra dizer: 'Escutem, vocês me respeitem, porque agora eu sou interada da legislação e isso me deu uma certa tranquilidade e segurança. Não só emocional, mas de me situar na sociedade, ter mais discernimento. E saber como poderia requerer meus direitos e exigir respeitabilidade.

Nos dois anos na terapia descobri certas coisas difíceis de serem aceitas. Tentei encobrir com o tapete, mas precisavam ser ajustadas, para continuar caminhando na vida. No aspecto pessoal, eu estava desleixada. Não me valorizava nem me cuidava como mulher. Vestia qualquer roupa, não me produzia. Durante o processo terapêutico fui desabrochando como mulher. Hoje procuro sempre estar bem vestida, maquiada, compro roupas mais elegantes, mais sensuais. Hoje gasto 200 reais numa bolsa, 300 reais em um sapato sem ter pena de gastar. Sinto-me feliz com isso. Realmente deslanchei como mulher com a terapia. Fiquei muito mais sensual e foi uma conquista importante, porque passei a me tratar esteticamente. Isso me valorizou muito. E creio que agora, pra me sentir melhor, preciso encontrar minha alma gêmea. Acredito em almas gêmeas e desejo, futuramente, construir um novo relacionamento. Superei várias fases e fui marcando minha presença. Eu sou eu e estou aqui, me aceitem da maneira que sou. Quando se está entre amigos, tudo bem, mas quando você chega em um ambiente desconhecido sempre tem aquele olhar assim 'ah, coitada', ora, pelo amor de Deus, essa é a maior condenação que eu posso ter. Detesto esse tipo de olhar. Antigamente, diante desses momentos, eu tinha pena de mim, hoje eu tenho pena do outro. Quero contar como mensagem final desse meu depoimento um episódio interessante: uma vez saí de uma sessão de terapia meio encucada e pensando: 'O que a terapeuta quis dizer *com aquilo?', era a palavra 'resiliência', que não conhecia e não sabia da sua amplitude. E isso me marcou muito na Psicoterapia. Então, fui procurar no dicionário o seu significado e vi que ela exprime um processo de ter forças pra vencer um obstáculo, buscar e conquistar novos caminhos. É o processo de encontrar forças pra sair daquela estação onde você se encontra.*

Por mais difícil que seja a situação que esteja encontrando hoje, você consegue superar. É lógico que demanda tempo e você tem que encontrar a estratégia e o equilíbrio pra ter a solução e chegar à superação. E isso se obtém na luta do dia a dia, e tive o prazer e contentamento de descobrir que sou, a cada 24 horas, uma "resiliente".

■■■■■■■■

"... principalmente, não ficar me remoendo com o sofrimento e tirar um bom proveito dos desafios."

Carolina, 53 anos, divorciada, servidora pública. Dois filhos.

"Casei-me com 25 anos e logo engravidei. Foi uma gestação muito difícil, sempre me sentindo sozinha. Nesse período não tive apoio nenhum de meu marido. Éramos muito jovens, imaturos, vivíamos um relacionamento difícil. Eu me sentindo só, ele querendo outras coisas da vida, outros projetos. Não parava em casa e creio mesmo que paquerava outras mulheres. Sentia-me insegura nesta relação e resolvi estudar para fazer um concurso público. Neste meio-tempo, em 1988, já me preparando para o concurso, procurei a Picoterapia. Passei para o cargo que pretendia em 1989 e, logo à seguir, engravidei. Quando minha filha nasceu, em 1990, já estava trabalhando. Consegui, desta forma, a segurança que tanto queria para me separar. Então, neste trabalho, numa repartição pública federal, consegui criar uma base financeira e juntar um dinheiro para poder ter minha casa e cuidar da minha filha. Após dois anos de seu nascimento separei-me de meu marido.

Fiquei em terapia durante nove anos, ininterruptos. Após este tempo, sentia-me bem e tive alta. Algum tempo depois de haver deixado a terapia, iniciei um namoro e, inesperadamente, engravidei, o que me fez, mais uma vez, buscar ajuda psicológica. Nesse período, questionava bastante minha gravidez, pois nada tinha sido programado e o meu namorado também não esperava por isso. Apesar de ser totalmente fora de qualquer programação, decidi prosseguir com a gestação. Para minha paz e tranquilidade, diferentemente do comportamento de meu ex-marido, tive todo o apoio do meu namorado. Ele esteve ao meu lado todo o tempo, tendo, inclusive, participado de uma sessão de terapia comigo. Após o nascimento de meu filho mantive-me em terapia, por um período curto. Depois, segui a batalha do cotidiano, mais tranquila e segura.

Um bom tempo se passou, outros desafios surgiram. A relação com o pai de meu filho já havia terminado e um novo companheiro entrou na minha vida. Foi então que percebi que passava por um processo depressivo e, de novo, retomei o tratamento psicológico. Nesta ocasião, alternava as sessões individuais com sessões de grupo. Minha terapeuta coordenava um grupo de mulheres junto com uma psiquiatra.

E nesses 27 anos de investimento em mim, fui crescendo, amadurecendo, enfrentando meus desafios. Vejo muitos ganhos nesta jornada de autoconhecimento. Um deles é, principalmente, não ficar remoendo o sofrimento e tirar um bom proveito dos desafios. A terapia me deu a serenidade para realizar os movimentos em direção a viver a minha vida. Até então, não tinha coragem, eu não tinha ímpeto para me movimentar e a Psicoterapia me impulsionou pra frente. Fez-me acreditar que os sonhos não estavam tão distantes assim. Uma das grandes conquistas desse processo pessoal foi ter adquirido um norte e seguir esse norte com calma. Acho que a vida me obrigou a tomar certas decisões: ou fazia ou não fazia. Na verdade, todas as experiências que vivi me fizeram ser outra pessoa. Hoje tenho menos certezas, porém, posso dizer que sou mais corajosa. Eu me transformei bastante. Cansei de espernear todo o tempo. Na interação terapêutica adquiri alguns conhecimentos. Se a terapeuta falava de Filosofia, eu ia lá estudar o assunto; se era algo de Psicologia, lá ia eu ler; religião, mitologia e vai por aí. Esse conjunto de conhecimentos adquiridos me deixou, inclusive, mais culta. É como se eu tivesse uma base mais segura e aguçado mais minha curiosidade pelo mundo. Um conjunto de dados absorvidos por mim que hoje considero importante para construção da minha personalidade nos últimos anos. Hoje em dia não me vejo mais sem esses conhecimentos. Antigamente, eu achava que as pessoas tinham que ter a minha opinião e hoje não acho mais não, cada um com o seu cada qual. Antes de terminar quero dizer que, seja lá qual for a situação que esteja enfrentando, tenha calma, seja perseverante, insista. Pare, se for preciso, porém, nunca se esqueça de que continuar é necessário. Nunca me esqueci de uma imagem que a terapeuta usou comigo quando estava grávida do meu filho. Estava muito ansiosa e preocupada com os rumos da minha vida e daquela criança que ia nascer, mas estava segura de que queria que ela viesse ao mundo.

Então, ela me disse: 'Você está navegando em alto mar, só há uma direção, então, algumas vezes desligue o motor do barco, vá um pouco ao sabor das ondas, mas mantenha-se firme no leme, conduzindo o seu barco. Quando for necessário, ligue o motor e toque novamente o barco'. Neste momento entendi que nem sempre vamos poder andar na mesma velocidade, mas precisamos continuar, sempre pra frente, sempre na condução, tocando o barco."

3
CORAGEM, VIRTUDE DOS FORTES?

Nosso ciclo vital costuma ser marcado por pontos críticos, previsíveis ou não, que nos levam a enfrentar inúmeros e diferentes desafios. Nessas horas, em que chegamos a sentir-nos no olho de um furacão, precisamos de boas doses de coragem para enfrentar e conseguir superar o sofrimento, a dor ou as crises.

A coragem é um dos sentimentos mais reconhecidos e admirados em todas as civilizações, porque sempre ajudou o ser humano a reagir diante dos perigos que o ameaçam. Associamos a coragem aos grandes heróis mitológicos. Nossa visão de que eram seres destemidos trouxe para nós, os humanos, a ideia de que foram criaturas com grande força e poder de conquista. Esta ideia permeia nosso inconsciente até hoje. Na mitologia grega, os heróis (semideuses) eram personagens que estavam numa posição intermediária entre os homens e os deuses. Possuíam poderes especiais superiores aos dos humanos (força, inteligência, velocidade), porém, eram mortais. De acordo com a mitologia grega, os heróis eram filhos de deuses com seres humanos. Os mitos, de maneira inconsciente, têm a função de nos fazer pensar sobre as relações humanas em suas várias facetas e composições. Contêm em si mesmos a chave para a compreensão do mundo.

Atemporais e eternos, os mitos estão presentes na vida de cada pessoa, não importa em que tempo ou local.

Um dos heróis mitológicos mais conhecidos é Heracles, ou Hércules.

A força física era a principal qualidade deste herói. Suas façanhas estão presentes nas histórias sobre "Os Doze Trabalhos de Hércules". Derrotou monstros e cumpriu vários desafios que seriam impossíveis para os humanos. Era filho de Zeus e Alcmena.

Somos todos deuses e heróis de nossa própria história.

Não raro ouvimos dizer que alguém foi um herói por ter enfrentado esta ou aquela situação. Outro dia, assistindo a um programa de notícias, vi o repórter perguntar a um menino de 12 anos se ele se sentia um herói. O motivo da pergunta se devia ao fato de aquele menino ter ligado para a polícia escondido atrás de uma estante na sala de sua casa, enquanto um ladrão roubava os aposentos. O sujeito que invadiu a casa não imaginava que havia alguém lá dentro. O menino relata sua experiência dizendo que sentiu muito medo, que seu coração batia a mil, porém, sabia que precisava fazer algo. Foi então que tomou a iniciativa de buscar um esconderijo e chamar a polícia. Quando o jornalista insiste na pergunta: "Então, você se sente um herói?" Ele respondeu: "Não, senti muito medo".

O que este menino ainda não sabe é que o medo acompanha os heróis. Ser corajoso não significa ser totalmente destemido, se jogar nas situações perigosas. Ao contrário, o ato de coragem é acompanhado pelo medo. Quando sentimos medo é porque temos noção do perigo. Uma pessoa corajosa tem a percepção de onde deve caminhar. Coragem não é impulsividade. O corajoso, mesmo com medo, vai à luta buscar um caminho viável para si. Ter medo não é sinal de fraqueza nem impedimento para descobrir novos caminhos. Em vez disso, o medo pode impulsionar para frente, na tentativa de sair de uma posição pouco confortável.

De fato, só buscamos nos mover quando estamos suficientemente incomodados numa situação. Nessas horas, é importante buscar ajuda, porque corremos o risco de desejar a mudança mas não a concretizarmos por necessitar de alguém que avalize este movimento. Temos muito receio de errar, este receio nos paralisa, nos incapacita. O olhar, a acolhida e a fala do outro, muitas vezes, nos devolvem a capacidade de nos mover na direção da liberdade pessoal. A coragem nos alimenta de energia, em momentos difíceis, sem permitir que entremos em desespero, mesmo que este esforço nos exija grande sofrimento. A cada dificuldade nos leva a reunir condições de administrar as mudanças e de encontrarmos uma forma tolerável de viver e de nos relacionar. Com a energia que ela nos dá, nossa conduta, nos momentos de perigo e incerteza, costuma lembrar a árvore flexível e resistente que enfrenta um vendaval: seus galhos se dobram, mas ela não quebra.

O corajoso é um resiliente. Tem interesse por si mesmo.

A resiliência define a capacidade que temos de retomar, após grandes crises, o equilíbrio natural que possuímos. Uma pessoa resiliente não foge do sofrimento, enfrenta-o e busca novas formas de caminhar. Quem tem coragem é possuidor de boa autoestima, estado geralmente atrelado a características que vamos citar abaixo. Elas possibilitam às pessoas, de modo geral, uma visão mais clara de si mesmas, ajudando-as a perceber também aquelas que estão ao seu redor.

- **Autorrespeito:** leva as pessoas ao conhecimento dos próprios limites, e a questões como: "Até onde posso ir?" "Posso aceitar tudo que me é pedido ou exigido?"
- **Autonomia:** permite a cada um caminhar a seu modo, mesmo que este não seja o melhor aos olhos de outras pessoas.
- **Flexibilidade:** estimula a aceitação dos próprios acertos e erros, ou os das demais pessoas.
- **Senso de humor:** alivia também o medo e a angústia e facilita a mudança de pontos de vista.
- **Empatia:** reflete a capacidade de compreender, com respeito e tolerância, o sentimento e as vivências de outros.

A principal característica da pessoa corajosa é a capacidade de superação, que torna possível o enfrentamento de medos e limitações, muitas vezes à custa de sacrifícios e sofrimentos. Essa capacidade aperfeiçoada no transcorrer da vida – especialmente durante a infância e a adolescência – é estreitamente ligada ao quanto de amor próprio cada um de nós desenvolve.

O corajoso aprende com as crises.

Situações do nosso cotidiano demonstram que a coragem pode ser uma grande companheira quando o destino, os preconceitos e outros elementos parecem torcer contra nós.

- Doenças graves
- Mortes
- Separações
- Assumir uma posição ou condição
- Mudar padrões de comportamento
- Mudar de vida (profissão, cidade, país etc.)
- Falar verdades (às vezes dói para quem fala e para quem ouve)
- Reconhecer um erro
- Buscar o autoconhecimento
- Fazer escolhas
- Socorrer uma vítima
- Doar-se em prol de uma causa social
- Enfrentar hostilidade

Esta lista poderia não ter fim, já que são tantas as situações que exigem atos corajosos. De qualquer maneira, é válido que tenhamos a percepção de quanto precisamos ser corajosos para cumprir a rotina do viver.

Algumas situações podem ter um significado enorme no contexto de uma pessoa, podem modificar de maneira definitiva sua vida. Não são raros os casos de pessoas com os mais diferentes projetos, que se viram diante de grandes obstáculos, cuja coragem foi fundamental para superá-los. Com frequência, sabemos de histórias de pessoas cheias de sofrimento e que mesmo assim abriram caminhos para outras, que também sofriam, oferecendo-lhes ajuda. Esta é uma atitude corajosa. Sair da própria dor e caminhar na direção do outro.

Corajoso é quem busca saídas. Quem sabe lançar mão dos próprios recursos para enfrentar as ameaças e os desafios.

"**A vida vem em ondas...**" como diz a canção de Lulu Santos e Nélson Motta.

E para não sermos tragados por elas temos de buscar na coragem a certeza de que a vida gira, como uma roda, incessantemente, e em alguns momentos estamos na subida e em outros na descida. Nada dura para sempre. Se nos assustamos e paralisamos com os movimentos permanentes da roda da vida, ficaremos acuados diante dos acontecimentos. Não saberemos nem como pedir ajuda.

Faço agora uma sugestão.

O momento é difícil? Você se sente perturbado? Tem algo que possa fazer? Não sabe por onde começar?

Olhe à sua volta, procure alguém que possa pensar nas saídas com você. O compartilhar abre espaço dentro de nós e na nossa vida.

Sempre que enfrento esses momentos, penso: "A hora da subida vai chegar. É questão de tempo". Enquanto isso, busco investir no meu equilíbrio, nem sempre fácil de conquistar. Converso com as pessoas, acreditando que podem me ajudar com seus pontos de vista diferentes dos meus. Algumas vezes, pessoas desconhecidas me disseram coisas que fizeram toda a diferença nas minhas decisões.

O corajoso abre-se para o novo e para o outro.

Enfrentar situações desafiadoras sempre requer atitudes corajosas.

Nem sempre as pessoas percebem o quanto foram ou são corajosas, não valorizam as pequenas batalhas, e muitos nem as grandes, por acharem que é natural reagir desta forma. Existem pessoas muito mais resilientes do que outras, reagem e enfrentam melhor os momentos de desafio. Mas por que isso acontece? Precisamos fazer a busca na nossa história familiar. Muitas vezes somos incentivados a ter determinadas atitudes, outras somos duramente criticados por comportarmo-nos de certa forma. Nossos pais, nossos familiares, professores e pessoas que cuidam de nós e estão próximas nem sempre têm a noção de que uma palavra ou gesto pode criar um "molde interno" que vai nortear uma série de determinações e comportamentos futuros. Vamos, ao longo da vida, carregando crenças familiares que, muitas vezes, nos impedem de enxergar o real, o momento presente. Fazemos a avaliação de hoje baseados nestas crenças.

Há algum tempo atendi uma mulher que estava sofrendo muito por ter descoberto a infidelidade do marido. Estava com muita dificuldade de enfrentar a situação, mesmo já tendo passado a limpo o fato com seu parceiro e acreditar em seu amor e arrependimento. Mesmo também tendo muito amor por ele, não conseguia se desvincular do que aconteceu. Fazendo uma pesquisa da sua família de origem, relatou que "conviveu com traição a vida inteira": seu pai traiu sua mãe e teve até filhos fora do casamento. Sua mãe suportou tudo isto justificando que não poderia se separar por causa dos filhos. Sempre citava um ditado antigo: "Ruim com ele pior sem ele". Todas as mulheres da família seguiam esta mesma crença, diziam que todo homem trai, é de sua natureza, e é melhor fazer vista grossa. Ficou claro o quanto estava sofrendo por se sentir presa ao padrão familiar, não conseguia perdoar nem se separar, e que todas as outras mulheres de sua família também não conseguiram, guardaram muitos ressentimentos por toda a vida conjugal. Assumir uma posição exigiu dela coragem, principalmente porque ficar casada era tentar estabelecer um padrão de casamento diferente do de sua família, que nunca enfrentou a situação e preferia manter o casamento baseado em segredos e mentiras. Precisou encarar a situação, ouvindo do seu marido os motivos que o levaram a viver uma relação fora do casamento. Foi uma conversa difícil, intermediada por mim, quando ele pôde dizer-lhe como se sentia pouco prestigiado pela esposa. Queixou-se do seu desleixo com ela própria e com a relação conjugal. Foi duro para ela ouvir, mas também foi sua oportunidade de ver claramente a sua parte naquela situação. Conseguiu perceber como havia abandonado os cuidados em relação ao casal, só investindo nos filhos, na casa e em sua profissão. Entendeu, também, as mulheres de sua família. Se o silêncio continuasse entre este casal e o lixo conjugal fosse varrido para debaixo do tapete, certamente, teriam seguido muito infelizes e, na melhor das hipóteses, se separado. Mesmo após a infidelidade, a verdade foi a base de reconstrução do casal.

A verdade tem o poder de refazer as pontes de comunicação e recompor os laços afetivos.

Muitas pessoas têm receio de fazer uma terapia de casal temendo o confronto e as descobertas sobre os sentimentos e pensamentos do outro. O que não sabem é que a manutenção dos segredos e as mentirinhas cotidianas ferem muito mais a relação do que as palavras ditas às claras.

É importante salientar que a coragem, como tantos outros comportamentos, é aprendida e pode ser desenvolvida ao longo de nossa vida.

O natural é que na infância sejamos estimulados a enfrentar desafios. O início da socialização na escola, a conquista de novos amigos, os primeiros passos para a independência são muito desafiadores. Só crescemos porque os incorporamos à nossa vida e temos o apoio de nossos pais ou das pessoas que cuidam de nós. Caso contrário, se somos duramente criticados ou ridicularizados, podemos paralisar nossa emoção numa dessas etapas. Estas lembranças deixam profundas cicatrizes em nosso psiquismo. Muitos sintomas que apresentamos na vida adulta têm sua origem em experiências infantis dolorosas.

Como no início de nossa vida não temos muitos recursos para analisar e elaborar situações traumáticas, as engavetamos. Elas ficam dormindo dentro de nós e, num belo dia, eclodem disparadas por algum acontecimento atual que remonta a sentimentos antigos. Muitas vezes, só com um bom e profundo trabalho emocional, visitando os cantinhos escuros de nossa psique, é que conseguimos desatar os nós feitos pelo passado. Com a entrada na fase adulta, se não tivermos elaborado estas situações, teremos muito mais dificuldades para lidar com os problemas.

A capacidade de administrar os desafios da vida teve sua semente lançada quando ainda éramos muito pequenos.

No relato de **Suzana, 67 anos,** podemos perceber seu sofrimento emocional durante a infância, que perdurou pela vida adulta. Filha de um casal que brigava muito, estava sempre com vergonha das pessoas que viviam próximas, especialmente os vizinhos. Sentia-se muito mal, acuada, tocada emocionalmente. Até mesmo ao sair de casa, tinha receio de ser abordada, de ser olhada com o canto dos olhos por outras pessoas.

"Fui uma criança e uma adolescente um tanto solitária. A minha mãe me criticava demais, pois toda a iniciativa que tinha sempre olhava pelo lado negativo. Fui o tempo todo criticada, e ainda hoje ela mantém este comportamento. Já com meu pai não tinha tanto contato porque era um funcionário graduado de uma estatal e viajava muito. Quando chegava em casa das viagens, se desvelava comigo, em carinho e atenção. Nossa relação foi um pouco mais amorosa. Mas com minha mãe era mais difícil. Ela me cobrava muito e tudo o que eu fizesse ela via como uma coisa ruim. Isso me marcou pra vida toda. Porém, eu procurava superar, através de estudos, de leituras, buscando atingir os objetivos aos quais eu me propunha. Recordo-me de uma passagem, lá pelos meus 11 anos, que me deu uma alegria muito grande, elevou a minha autoestima, que foi ter passado para um colégio federal. Quando vesti o uniforme dessa instituição me senti poderosa, feliz, por ter passado com notas ótimas. Daí comecei a trilhar um caminho um pouco melhor, mais prazeroso.

Casei-me aos 23 anos. Na época, era professora primária, ganhava um salário baixo, ele era servidor de uma estatal no início de carreira, no entanto, fomos lutando e conseguindo nossos objetivos. Porém, quando já tínhamos dois filhos, mais por minha decisão, fomos morar com meus pais. Entretanto, essa convivência teve um lado negativo, porque minha mãe passou a ter com os meus filhos aquele mesmo aspecto controlador, se imiscuindo constantemente na educação dos nossos filhos e descambando sempre para o lado doentio, porque passava muito a mão na cabeça deles, não ajudava a oferecer limites, embora eu, certamente, também tivesse as minhas falhas. E hoje nossa família tem problemas sérios por causa disso. Meus filhos têm dificuldades de gerir a própria vida e estabelecerem uma independência financeira e emocional.

Foram essas situações que me fizeram procurar a Psicoterapia, em torno de agosto de 2008, quando me encontrava bastante deprimida, triste, desanimada, não vendo perspectiva nenhuma de encontrar luz no fim do túnel. Não tinha vontade nenhuma de me arrumar, de sair de casa, de fazer nada, e à medida que fui relatando meus sentimentos na Psicoterapia fui percebendo que podia ter uma qualidade de vida melhor, que podia olhar um pouco para dentro de mim e que, apesar das dificuldades, a vida segue em frente e de nada adianta você ficar chorando pitangas, ficar arrancando os cabelos, porque isso não vai solucionar problema de ninguém. Minhas dificuldades continuam, mas agora consigo lidar muito bem com elas, de uma forma mais equilibrada, mais racional e harmônica.

Aprendi a conviver com a minha mãe, que até hoje é uma pessoa muito negativa, mal humorada, controladora, eu não conseguia aceitar estes comportamentos, batia de frente com ela o tempo todo. Discutindo, debatendo, polemizando. Ela continua a mesma pessoa, só que agora não me deixo mais abater moralmente, emocionalmente, e até me arrisco a dizer que ela está tendo um comportamento melhor comigo nesse sentido. No entanto, mais do que o controle que ela exerce, a crítica que fazia é que me angustiava. Depois de certo tempo, passei a ouvir dela que eu era uma anormal, sentia-me muito pequena, diminuída. Emocionalmente muito infeliz. Pode ser ainda que eu tenha certo medo de enfrentar a vida, de ficar receosa de acontecer alguma coisa, porém, eu enfrento e de onde tiro essa coragem, essa energia pra enfrentar não saberia dizer. Já venci muitos obstáculos na vida. Tenho certeza de que possuo uma grande capacidade de superação. Minha vida já foi muito dolorida em função de todos esses problemas, mas hoje está um pouco melhor, pois consigo lidar razoavelmente bem com eles. Tenho ainda alegria de viver, tenho ainda energia pra fazer minhas atividades, pra viajar, pra sair com o marido, passear com meu neto. **Todos temos condições de lidar com os problemas. Creio que o grande segredo da vida é saber conviver com eles, aceitá-los. As soluções e saídas surgirão, e o caminho da superação será inevitável.**

Com relação à depressão, me sinto muito melhor, estou realmente bem. Tenho ânimo pra me arrumar, cuidar da minha saúde, da minha estética. Eu me sinto animada em manter contato com os amigos, pra dar festas em minha casa."

Na história de Suzana percebemos sua "garra" em buscar melhores caminhos, em como acreditou em sua força.

Avalie suas competências pessoais para desenvolver esta capacidade no seu cotidiano.

Ainda ouve aquela voz te criticando?

Quantos anos você tinha quando a ouviu pela primeira vez? Quantos anos se passaram?

Você ainda se sente como naquela época?

Então está na hora de buscar ajuda. Alguém que caminhe com você, para frente. Ajudando a exorcizar os fantasmas do passado. Seja corajoso! Busque saídas para suas dores e traumas.

Tenho certeza de que possui os recursos necessários para ser o herói da sua própria vida.

■■■■■■■■

Para o seu bem viver, pergunte-se:
– Qual a crença que assimilei de minha família?

– Como esta crença influencia minhas atitudes?

– Costumo mudar meu ponto de vista?

– Diante de um problema procuro ver a situação por outro ângulo?

■■■■■■■■

> *"Sentia-me sozinho, no meio de um tiroteio, não poderia ser mais um a ficar doente na família."*

João, 28 anos, solteiro, analista de investimentos. Sem filhos.

"Sou filho de pais separados, complicados e adoecidos. Minha mãe com 19 anos foi diagnosticada com um quadro de Transtorno Bipolar. Quando nasci ela já tinha 28 anos. Meu pai sempre foi uma pessoa omissa. Nunca foi um pai responsável, nunca correu atrás dos objetivos dele, nunca foi uma pessoa preocupada com a família. Como já era esperado, se separaram quando eu tinha aproximadamente um ano. Não me lembro deles juntos. Em decorrência disso, fui criado pelos meus avós e os considerava como pais. Meu avô passava a maior parte do tempo viajando, era um engenheiro muito bem-sucedido, muito requisitado para participar de congressos, em vários países do mundo. Ele chegava a ficar de três a quatro meses viajando. Todo esse cenário desde cedo pra mim sempre foi um grande desafio, pois sabia que não poderia contar com a minha mãe, em função da doença, não poderia contar com meu pai, um irresponsável, e sabia ainda que meus tios, irmãos de minha mãe, tinham ciúmes de mim por eu ser tão paparicado pelos meus avós. Apesar de ter tido uma vida confortável financeiramente, também percebia que me faltava uma base. Sentia-me sozinho, no meio de um tiroteio, não poderia ser mais um a ficar doente na família. Eu via que de certa forma eu teria que ter equilíbrio, procurar me desenvolver e aproveitar a chance que meus avós me davam. Sempre estudei nos melhores colégios, sempre fui aos melhores médicos, porém, me faltava a presença das pessoas importantes de minha vida ao meu lado. Com relação à minha mãe, a convivência era difícil; como eu estudava em bons colégios, eu via as famílias perfeitas naquele dia a dia de levar e pegar os filhos, o carinho, a atenção dos pais, que eu não tinha. Ficava até com vergonha de meus amigos, de falar para eles que minha mãe era doente. Eu dormia na casa dos meus amigos e via o relacionamento deles com os pais, pensava que aquilo sim era uma família. Eu não podia aceitar que a minha mãe não fosse igual à mãe dos meus amigos. Cheguei até a pensar que ela não era doente, que fingia, que não era atenciosa comigo por falta de amor, de afeto. Eu demorei bons longos anos até aceitar a sua doença. E isso dificultou bastante a nossa relação.

Então, a Psicoterapia entrou em minha vida, estava no colégio, quando meu avô, uma pessoa muito inteligente, começou a perceber que não estavam dando conta da minha educação nem resolvendo minha revolta pessoal. E foi muito interessante porque logo no início ficou claro que o problema não era focado só em mim, mas em toda a família, que a sua estrutura estava errada muito antes do meu nascimento. E estava errado dizer que o João apenas precisava de tratamento, os pais dele precisavam de tratamento, os tios dele precisavam de tratamento, os avós dele precisavam de tratamento: ou seja, tinha uma série de peças que precisavam ser ajustadas para que o João tivesse uma vida melhor. E o fato de a psicóloga convencer meu avô pra que eu cursasse o supletivo, já que era um péssimo aluno no colégio, e pudesse fazer o vestibular, considero o momento mais importante da minha vida. Quando entrei para a faculdade me motivei (era o que a terapeuta acreditava), tive boas notas. Fui à luta e decidi aceitar minha vida como ela era e meus problemas, que não iriam deixar de existir. Eram problemas endógenos, estavam fora do meu alcance, não ia adiantar eu mudar minha família. Eram tantos os fatores externos que, se eu dependesse deles para começar a andar, acabaria perdendo muito tempo. E a vida não aceita desculpas. Acredito que minha coragem residiu em ter aceitado que minha mãe era doente, que meu pai era ausente, que meu avô, depois de um certo tempo, se tornou um alcoólatra, que minha avó era uma pessoa fria e que eu precisava ver as coisas pelo lado bom, senão, seria mais um a dar errado.

Enfrentei muitas dificuldades, minha mãe se internou várias vezes, tentou o suicídio, meu tio mais velho teve depressão e faleceu de câncer no cérebro, minha avó também se tornou depressiva e cardíaca. Tudo isso teve o seu lado bom e o lado ruim. O lado bom é que me fez seguir em frente e o lado ruim é que me fez ser um tanto frio, racional. Quando acontecem coisas com que a maioria das pessoas se desesperaria eu consigo encarar com muita naturalidade. Então, hoje, aos 28 anos, é muito fácil não me deixar absorver por eles. Acabei criando uma capa protetora, diante do sofrimento. Mas, por outro lado, tive a sorte de encontrar uma pessoa completamente diferente da minha família, que está comigo há cinco anos e meio, e nunca a ouvi falar a palavra depressão. Ela é calma, compreensiva, alegre e sempre procura ver as coisas pelo lado positivo, me faz muito bem e sou apaixonado por ela. Com quem em um futuro próximo pretendo casar.

Depois de formado tive muito sucesso logo de início em minha carreira no mercado financeiro, tornei-me um bom profissional, com três promoções em um ano de trabalho, indo morar em São Paulo, aos 23 anos, morando numa cobertura, ganhando muito acima da média pra minha idade. Cinco anos antes era um garoto obeso, que ficava em recuperação em várias matérias e, de repente, me via morando em São Paulo, ganhando muito mais do que qualquer amigo meu, sozinho, magro e aquilo tudo realmente subiu à minha cabeça. Acabei sendo demitido, coisa que eu jamais poderia prever que aconteceria, já que em quatro anos fui a pessoa que mais cresceu na empresa. Então, naquele momento, fiquei um pouco sem chão. Foi quando resolvi procurar a terapia novamente. Até porque, eu nunca tive muito com quem conversar, especialmente em casa. Eu senti uma necessidade de conversar, de me abrir e saber onde errei, coisa que ainda não estava muito clara para mim. Faz três anos que procurei a terapia e o aprendizado que ficou é que você deve sempre tratar bem e respeitar as pessoas que estão a sua volta. Nunca seja arrogante, porque você hoje pode estar num lugar muito bom, mas amanhã tudo pode mudar. Você hoje está lá em cima, mas amanhã pode estar lá embaixo. E se você tem hoje algo que não tinha ontem, preserve, da melhor forma possível, sem fazer muito estardalhaço nem se vangloriar por isso. E procurar ser humilde, foi a humildade que me faltou. Eu passei por um período bem difícil, quase um ano desempregado. Fiz uma viagem longa de três meses à Ásia, estive na Tailândia, Cingapura, Malásia, Laos, Indonésia, Vietnã, Camboja, Hong Kong, sempre sozinho, porque sempre tive muita coragem de estar sozinho e quando voltei achei que seria fácil arrumar emprego, mas as coisas não foram fáceis. Vi que aquele cara que se achava tão bom e quase imbatível estava agora, há quase um ano, batendo de porta em porta e não conseguia arrumar um emprego.

Outra coisa muito importante foi o controle da ansiedade. Se tivesse ficado um mês sem trabalhar e não um ano como fiquei, com certeza, hoje não seria essa pessoa melhor que sou. Foi gratificante ver como o mundo dá voltas e quando você acredita e trabalha pra se desenvolver tudo acontece e a luz surge. Estou aproximadamente há dois anos numa empresa supervalorizada no mercado. Agora estou buscando um novo desafio, que é sair do País, possivelmente, e ir para a Europa ou Ásia. Eu tenho um grande *interesse em conhecer o mundo lá fora. O mundo é muito mais grandioso do que aquele pequeno espaço em que nos locomovemos em nosso dia a dia. Porém, já será outra prova de coragem, pode ser que eu não goste do país em que irei morar, não goste do emprego. Pode ser que eu sinta falta da minha família, da minha namorada. É uma decisão bem difícil, mas, como já tomei outras do mesmo nível de dificuldade, acabei tendo o controle para enfrentar os riscos.*

Quero expressar o meu agradecimento, pelo trabalho na terapia, que tem me servido de reflexão de tudo o que eu faço, porque atualmente a vida é muito corrida. Eu trabalho em média 12 horas por dia e esta hora de análise pessoal me ajuda a pautar melhor as atividades e a ver as coisas por diferentes ângulos.

Nunca fique só no desejar, só no sonhar, corra atrás e saia da sua zona de conforto. Tenha a coragem de encarar o desconhecido, porque agindo assim você vai, no mínimo, se tornar uma pessoa melhor e mais completa."

■■■■■■■■

"... porque naquela época as pessoas não tinham a liberdade que têm hoje, andar na rua de mãos dadas, de braços dados; se beijar na rua..."

Leo, 63 anos, casado, arquiteto. Sem filhos.

"Sou o filho caçula, tenho um irmão, sete anos mais velho. Inicialmente, era muito clara a definição de que meu pai preferia o mais velho e a mãe preferia o mais novo. Isso, por um lado, me dava certo conforto, pois estava garantido o carinho da mãe, mas, em contrapartida, estava garantida também a severidade do pai. Quando começo a descobrir a minha homossexualidade, em torno dos oito a nove anos de idade (nesta ocasião já sinto algum interesse pelos meninos), percebo que a família cria um foco diferenciado pra mim, colocando muitas questões e exigências em relação ao papel masculino na sociedade, e que talvez eu não fosse um bom exemplo para eles. E esses conflitos com meu pai eram sempre em função da minha masculinidade, embora ache hoje que não represento um bom exemplo de gay, porque sou uma pessoa natural, não gosto nem de usar a palavra normal, acho que tem mesmo é naturalidade nisso. A minha personalidade é sempre a mesma. No trabalho, em casa, numa festa gay. Eu sou sempre o mesmo Leo.

Minha primeira experiência homossexual aconteceu com 15 anos de idade. Porém, uma experiência apenas carnal, sem troca de afeto, de carinho. Ao passar por um lugar, um camarada, em torno de uns 18 anos, mexeu comigo, me chamou, e eu, então, atravessei a rua e fui lá falar com ele. A gente ficou conversando, até que fomos pra um canto e nos amassamos lá e rolou a primeira experiência sexual de minha vida, e tive muitas outras com ele depois. Mas não considero essa relação marcante porque não teve afeto, sentimento, no entanto, da segunda vez, já com outra pessoa, lá pelos meus 17 anos, aí sim, houve um encontro afetuoso e isso complicou muito a minha cabeça. Foi quando percebi, pela primeira vez, a questão na minha frente: eu estava apaixonado por outro homem. Isso me marcou muito, porque houve envolvimento afetivo e pesou de forma significativa em minha vida porque me via apaixonado por alguém que tinha o mesmo sexo que eu. Foram momentos muito difíceis na vida. Eu trabalhava numa construção na época, como estagiário de um curso técnico de engenharia, e me vi caminhando na beira das vigas com muita vontade de pular lá de cima e eram 14 andares. Pensei em me suicidar porque a pressão dentro de mim era muito grande por me ver apaixonado por outro homem. Esse namoro durou em torno de um ano e acabou porque ele era uns dez anos mais velho e tinha uma vida muito diferente da minha. Era usuário de drogas, vivia de manhã, de tarde e de noite em lugares gays. Muito agitadinho pro meu gosto e eu não estava disposto a me expor dessa forma nem me curvar a sua insistência em fazer com que experimentasse drogas, o que fez com que tomasse a decisão de terminar o relacionamento. Até que um dia fui a uma boate que existia em Copacabana, foi assim num ímpeto de coragem, pois nunca havia estado em um lugar gay. Quando entrei na boate vi que existiam muitas pessoas que eram como eu e namoravam homens e aí me deu um certo amparo ter descoberto aquele ambiente, embora fosse um gueto preservado, era uma boate específica para esse fim, porque naquela época as pessoas não tinham a liberdade que têm hoje, andar na rua de mãos dadas, de braços dados; se beijar na rua. Um dia encontrei uma pessoa que teve certa importância em minha vida; ficamos juntos durante uns dois anos e foi uma época em que eu trabalhava fora do Rio de Janeiro e era muito interessante porque não existia nenhuma das tecnologias existentes hoje e a forma que a gente tinha de se responder era através de caixa postal. Ele escrevia para as agências das cidades em que eu ia passar, ele tinha o cronograma do meu trabalho. Era um negócio chamado posta restante e eu, com um documento de identidade, ia lá e retirava a carta e escrevia pra ele de volta. Era muito interessante. Chegou, porém, um momento em minha vida, com o amadurecimento, em que eu fui questionando tudo isso e resolvi procurar a terapia, tentando me encontrar da melhor forma possível, porque passei a perceber, quando comecei a ter relações com afeto, que aquele mundo realmente me interessava. Não dá para ficar a vida inteira batendo de frente com as coisas que te interessam na vida, é preciso entendê-las pra poder viver bem com elas. A psicoterapia me ajudou muito no processo do autoconhecimento e a entender o meu trânsito pela vida, principalmente de poder encarar a questão, poder falar sobre ela e, acima de tudo, tendo dignidade.

 Bem, hoje eu estou casado há um ano e meio. Só que isso não começou agora, essa história tem 38 anos. E, se você me perguntar quem é o grande amor de minha vida, é ele. Porque foi ao lado dele que eu passei os últimos 38 anos. Foi ao lado dele que eu construí e adquiri as coisas na minha vida. Com a participação e opinião dele, além do apoio, principalmente. Essa nossa história é muito bonita, então, em função de todo esse passado de compartilhamento e amor e do fato de não termos pais nem irmãos, talvez fosse bom estabelecermos esse vínculo formal pra que pudéssemos ter amparo também na falta um do outro. Mas é um casamento moderno, cada um tem sua casa. Meu encontro com ele, nos meus 25 anos, foi muito especial, porque desde que a gente se viu, nos conhecemos em um baile de carnaval, era uma vontade danada de ficar junto um do outro. Eu trabalhava numa empresa no centro da cidade e ele trabalhava numa companhia aérea e a gente se encontrava, às vezes, na hora do almoço e ficávamos juntos. Algumas vezes, íamos a um hotel na hora do almoço, almoçávamos lá mesmo. Era uma coisa muito legal, muito efervescente, contagiante. E assim a gente ficou morando juntos durante 12 anos. Depois desses 12 anos tivemos uma série de conflitos grandes e decidimos separar as casas, mas continuarmos juntos e aí a coisa melhorou, cada um tinha o seu espaço, porque não tínhamos naquela época maturidade necessária pra respeitar um o espaço do outro. No entanto, hoje eu já acho que deveríamos morar juntos novamente, porque vamos nos fragilizando com o tempo e, às vezes, eu tenho muita vontade de conversar de noite olhando pra ele, mas não é possível porque cada um mora em um canto da cidade e o recurso então é conversarmos por telefone. A gente fala ao telefone, sei lá, 10 a 12 vezes por dia, mas olhar no olho pra mim tem um significado muito relevante e eu não sei agora, mas creio que breve vamos unir as casas de novo. E tem muita coisa em nossas vidas que essa união acrescentou; as conquistas e as perdas individuais foram suportadas e partilhadas. É lógico que nesses 38 anos a qualidade do relacionamento mudou. E, se você me perguntar se mudou para melhor, eu diria que sim, porque o amor que a gente nutre um pelo outro é muito mais livre, muito mais solto, mais real e um desejo enorme de estar junto. Estamos sempre fazendo coisas juntos, sempre viajando juntos. E hoje olhamos para o passado e enxergamos toda a nossa estrada, com muita alegria e prazer. Foi tudo muito gratificante. As perdas durante a vida nos fizeram decidir pelo casamento. Quando a gente se casou foi justamente por isso, pra que tivéssemos o amparo um do outro, um amparo legal mesmo.

  Hoje, a gente pode ter essas relações de uma forma mais suave, a sociedade mudou razoavelmente, as relações homoafetivas são mais aceitas, as coisas são mais fáceis do que antigamente. Muita gente não sabe que me casei, então, quando me perguntam, eu falo com muita naturalidade e isso exige uma dose de coragem porque você não sabe como o outro vai reagir. Hoje em dia quando preencho uma ficha, em um consultório médico, que tem estado civil e eu ponho casado, às vezes, noto que o médico ou a médica quando dizem "mas a sua esposa" e eu retruco 'não é esposa não, é companheiro' eu vejo de lá uma cara assustada, uma cara de paisagem, da pessoa que recebeu a informação. Mas tem as gratas satisfações; há pouco tempo precisava fazer o seguro de um veículo e o meu corretor de seguro estava me atendendo muito mal, mudou o foco de seguros dele pra seguro-saúde, então, não estava dando muita atenção ao meu caso e eu resolvi cotar com outra pessoa que me deu preços mais interessantes. Liguei pra esse novo corretor e falei "olha, vou fechar com você" e ele disse que retornaria a ligação dentro de meia hora, **pediu-me alguns dados e aí lá veio a pergunta sobre estado civil e eu falei "casado" ele então perguntou o nome da esposa, eu disse "não, é um companheiro", no que ele respondeu "que maravilha, tempos modernos são assim", com uma naturalidade fantástica.** Nem nos conhecemos, só mesmo pela foto do WhatsApp."

■■■■■■■■

4
OTIMISMO, O CAMINHO PARA A PAZ INTERIOR

Quando comecei a escrever este capítulo, pensei: "Nossa, como é difícil falar do otimismo". É um comportamento, um sentimento, uma postura diante da vida que abre portas para a paz interior.

O otimista é aquela pessoa que procura encarar as coisas pelo seu lado positivo e sempre faz de um limão uma limonada.

Muitos dizem que uma pessoa assim nega a realidade, distorce para não sofrer. De fato, existem pessoas que não querem enxergar a realidade e ficam justificando com a famosa frase: "Pense positivo, vai dar tudo certo".

Algumas teorias tendem a associar otimismo e "pensamento positivo", baseadas na ideia de que a vontade (muitas vezes combinada com a fé) pode superar qualquer dificuldade.

Este pensamento não é absolutamente verdadeiro. Só pensar positivamente não vai alterar o rumo dos fatos. O que vai fazer esta alteração é o seu movimento na direção do que deseja e necessita.

Otimista é aquela pessoa que se revela confiante, esperançosa e positiva.

Ser otimista é ter atitudes objetivas diante dos problemas humanos e sociais, e considerá-los passíveis de uma solução. Uma postura otimista demonstra um bom conhecimento de si mesmo, o que propicia um bem-estar psicológico, físico e mental. Uma pessoa que se conhece reconhece suas habilidades e limitações. Então, pode agir respeitando-se e dando um passo de cada vez. Há estudos que relacionam também o otimismo com o funcionamento do sistema imunológico e a resistência ao stress.

Poder mudar o ponto de vista em relação a uma situação é o comportamento de um otimista. A busca de outra posição amplia nossa visão de mundo e traz uma maior autoconfiança.

Muitas vezes, sofremos demais porque não conseguimos olhar por outro ângulo a situação que vivemos. Assim é, também, com relação aos problemas alheios. Quando nos permitimos "ver" como o outro vê, conseguimos ajudá-lo a sair daquela posição. Existem momentos na vida em que o otimismo parece muito distante, mas uma postura otimista pode trazer conforto.

Por exemplo, você se encontra vivendo um momento difícil devido a um divórcio, a doença grave de uma pessoa querida ou tantos outros dramas pessoais. Numa visão otimista não cabe lamentação, mas a constatação do que está sendo vivido e aprendido nesse período.

Pessoalmente vivo, há anos, problemas familiares devido a uma cardiopatia grave de minha mãe. Minha vida sofreu muitas alterações em função deste fato. Porém, sempre penso que a vida está me dando a oportunidade de estar perto dela, oferecendo meus cuidados e protegendo-a. Que esta é minha missão. Então, apesar de todos os pesares, sinto-me tranquila e segura de que estou fazendo o meu melhor. Não me engano quanto à sua saúde, simplesmente olho com bons olhos a oportunidade que estou tendo. Alguns podem ver como castigo, eu não. Esta minha visão do problema defino como otimista. Não estou esperando nenhum milagre e pensando positivamente que tudo vai melhorar. Sei que não vai. Apenas estou extraindo o melhor que este momento pode me oferecer em termos de desenvolvimento pessoal.

O indivíduo otimista vê sempre as dificuldades pelo lado mais favorável. O contrário do otimista é o pessimista.

Um pessimista, talvez, olhasse para minha situação e dissesse: "Que droga, modificar tanto a vida é muito sofrimento". Jamais ele perceberia a profundidade do amor contida nesta doação. Pareceria sempre um castigo.

Pessimistas sempre vêm tudo pelo lado negativo, acreditando que tudo vai dar errado, esperando sempre o pior.

A oposição entre otimismo e pessimismo é amplamente conhecida pelo "dilema do copo": se ele é preenchido com água até a metade de sua capacidade, espera-se que um otimista diga que ele está "meio cheio" e que um pessimista reconheça um copo "meio vazio".

Uma das características principais de uma pessoa otimista, como acontece com o corajoso, é a resiliência.

O resiliente tem habilidade para desenvolver novas perspectivas na interpretação dos fatos e acontecimentos negativos, dando a eles um novo significado ou sentido.

Resiliente é a pessoa que tem a capacidade de retomar o equilíbrio geral após uma grande "balançada" na vida.

Não é fácil sacudir a poeira e dar a volta por cima, mas o resiliente sabe que é necessário, e que este passo pode definir uma evolução na sua vida.

Minha avó materna me ensinou, com sua postura, o que é de fato ser resiliente. Ela ficou viúva muito cedo e numa situação financeira difícil. Eu estava com uns cinco anos e sempre convivi muito com ela. Não tenho nenhuma lembrança de ouvi-la se lamentar ou se desesperar. Precisou trabalhar fora de casa e foi à luta. Sempre serena, com uma tranquilidade de quem confiava na sua caminhada e na sua força. Lembro-me de em várias situações cantarmos juntas. Através dela conheci as músicas de Chiquinha Gonzaga, compositora e maestrina carioca nascida em 1847 e falecida em 1935, que teve destaque pelo seu pioneirismo na história da cultura brasileira e pela luta pelas liberdades no País.

Minha amada avó tinha para com a vida uma postura otimista, demonstrava, claramente, com seu comportamento que entendia perfeitamente que na vida só há uma direção, para frente. Sou muita grata por ter convivido com ela e assimilado seus ensinamentos.

Porém, nem todas as pessoas têm referências positivas em suas vidas. Certa vez atendi um jovem rapaz com uma história familiar muito sofrida, seu pai, por ciúmes, matou sua mãe na frente dos filhos. Na ocasião tinha sete anos e seus irmãos eram bem menores. A partir deste episódio sua vida mudou radicalmente, foi separado dos irmãos e criado em um orfanato. Sofreu muitas humilhações, mas me contou que, mesmo assim, nunca olhava para a vida com olhos pessimistas. Apesar de tudo, acreditava no bem e na possibilidade de um futuro melhor. Conseguiu estudar com a ajuda de um tio e se formou em Administração. Começou a trabalhar numa empresa, ainda estudante. E isso foi só o começo de seu crescimento profissional. Ao longo dos anos chegou a um alto cargo nesta mesma empresa. Casou-se e constituiu uma família equilibrada. Tem duas filhas e sente-se realizado.

Sua vivência familiar dolorosa foi vista por ele como uma oportunidade de se tornar um homem diferente de seu pai. Sempre manteve os olhos na direção do futuro. Numa sessão me disse: *"O passado serve para lembrar o que não quero para mim. Só posso caminhar para frente. Preciso ter paz".*

Para o seu bem viver, pergunte-se:

– Como enxergo a vida?

– Tento ver o melhor ângulo das questões ou estou sempre procurando os pontos mais difíceis de um problema?

– Busco soluções para meus problemas?

> *"Quando você enxerga somente o problema é como se você estivesse com a visão embaçada ou míope."*

João Carlos, advogado, 46 anos, casado, sem filhos.

*"Sou o primogênito de uma família de dois irmãos, tenho uma irmã. Minha mãe é falecida, mas ainda tenho meu pai vivo. Eu sempre fui uma criança muito feliz, tive uma infância muito bacana e uma adolescência bastante criativa, com vários amigos e atividades, criado em torno de uma família e de uma casa sempre com muita gente. Lembro desse período com certa nostalgia e felicidade, porque foram tempos muito especiais. Talvez essa convivência tenha me tornado uma pessoa otimista. O modo como você é criado, educado, constitui o seu modo de ser, a sua personalidade. Então, como tive uma família muito acolhedora, meus pais sempre foram muito presentes em minha vida e cresci em um ambiente de harmonia, sem brigas, creio que boa parte do meu otimismo vem do seio familiar. Considero-me otimista porque vejo no cenário aquilo que há de melhor. Até quando passo por determinado problema penso sobre o que, naturalmente, aquele problema poderá me dar de ganho. Isso é uma ação natural, instintiva, de procurar enxergar com um olhar otimista uma situação difícil que apareça. É uma atitude instantânea, consigo enxergar qual é a mensagem que aquele cenário me dará de positivo. Quando estou encalacrado numa situação, tenso e pensativo, procuro imprimir outro ritmo, vou passar por aquela situação um pouco melhor e mais rápido se buscar uma mudança do ponto de vista. É um traço quase que natural. O copo pra mim está sempre mais cheio, nunca está mais vazio. Eu sempre olho o melhor ângulo da questão porque acredito que, se você imprimir essa filosofia de vida, o seu campo de visão se abre mais. Quando você enxerga somente o problema é como se você estivesse com a visão embaçada ou míope. O otimista tem uma visão de longo alcance, ele enxerga melhor do que o pessimista. Minha família tem um humor peculiar, ou seja: a essência do otimismo sempre existiu na minha família. E o bom humor é uma característica do otimista, essa é condição sine qua non. Bem humorado não no sentido de ser cômico, mas na maneira de enxergar a vida com mais suavidade e alegria. E penso mesmo que as pessoas conseguem captar, absorver essa minha essência. Não

me lembro claramente de alguém que tivesse dito: você é um otimista, mas o que eu tenho de retorno das pessoas é justamente em razão delas sempre estarem me falando sobre minha forma de viver, minha filosofia de vida, de como vejo determinado problema, de como encontro soluções. Eu penso que as pessoas, claramente, me passam uma energia positiva e se a pessoa me passa uma energia positiva é porque, na verdade, está recebendo isso em troca. E essa situação também é um traço do otimista, ele está quase sempre de bom humor, ele passa uma energia boa, ele tende a resolver os problemas de forma mais rápida e suave, não faz pesar o ambiente. Entretanto, mesmo sendo um otimista, busquei a terapia porque estava passando por uma situação difícil no casamento e a minha ex-esposa era uma pessoa muito querida, muito amiga e, em determinado momento, me vi preso a um casamento que não tinha mais sentido para mim e como havia uma afinidade muito boa em nossa relação foi muito difícil rompê-la. Eu sofri muito para desfazer esse laço, porque eu não conseguia dissociar a amizade que eu tinha por minha ex-esposa com o término de um relacionamento entre marido e mulher. Foi então que procurei a terapia, justamente para me ajudar a compreender isso e fazer essa rescisão mais tranquila para mim. E hoje, quando me lembro dessa época, até consigo enxergá-la melhor. Foi um período muito sombrio, de muito sofrimento, porém, por ter essa característica otimista é o que me dava força para seguir em frente e visualizar um futuro melhor. Só o fato de eu ter procurado a terapia, que é um movimento muito difícil e que requer coragem, porque você está ali se expondo e irá encontrar coisas internas que nem você sabia, já é um reflexo de uma pessoa otimista. A pessoa pessimista fica ali introvertida e não busca melhorar. E, para uma pessoa que está realmente atravessando um período nebuloso, sombrio, sugiro que ela procure enxergar a vida de outra forma. Acho que um exercício bom e que até hoje faço, quando estou envolto em muitos problemas e mergulhado em algumas situações ruins, é lembrar que existem coisas piores no mundo. Sempre fazer um exercício de comparação e ver que aquele problema não é tão grave assim, que é passageiro e que pode, de acordo com a nossa vontade, ser superado. Então, eu acho que o primeiro passo de alguém que está diante de um problema grave é gostar de si e ter vontade de mudar, e segundo perceber que, às vezes, aquele problema que é imenso para a gente é pequeno diante de um outro que está sendo vivido naquele momento e aí está a chave para se trilhar um caminho de solução."

> *"... não gasto meu tempo só me defendendo do ruim, eu gasto o meu tempo focando no melhor, no novo, no mais."*

Guilherme, 57 anos, solteiro, advogado, sem filhos.

"Somos três irmãos, eu sou o do meio, minha irmã mais nova é temporã. Eu tive uma relação mais próxima com minha mãe e muito difícil com meu pai, que sempre foi muito ausente no que se refere ao carinho e atenção. E isso acabou gerando problemas em minha vida profissional, como, por exemplo, lidar com hierarquias, que fez com que eu tivesse um relacionamento difícil com meus chefes. Em função disso, eu troquei muito de emprego, o que me fez ter procurado uma colocação numa empresa pública. Fiz concurso e ganhei a estabilidade que eu precisava. O que me levou a procurar a terapia foi a minha vida sentimental, como lidar com problemas relacionados diretamente a minha felicidade. Como sou gay, tive que me controlar muito, me tolher bastante pra poder me enquadrar dentro de um perfil considerado padrão. Tive dificuldades por ser gay, mas sou um otimista e sempre foquei, foco e focarei na parte boa da coisa. Eu não fico remoendo aquela coisa que foi ruim, ou aquela coisa que passou e não deu certo, o que não deu certo não deu certo e vamos olhar para frente e correr atrás então de uma coisa boa, nova. Enxergo a vida de uma maneira muito positiva. Mesmo nas fases mais complicadas eu sempre tive uma esperança de que os obstáculos iriam ser superados, o período nebuloso iria ter um fim, o período complicado iria voltar ao normal, pois não é possível que vivesse minha vida toda naquela situação. E dito e feito, depois de um tempo você tendo planos, sonhos, projetos, a fase difícil acaba. Eu tive provas disso durante a minha vida, de sonhos que acabavam se realizando e até coisas mais simples que eu não imaginava que fossem acontecer acabavam acontecendo, em função disso, passei a ter muito cuidado com desejos negativos porque poderiam acontecer e eu não queria que acontecessem. Principalmente, em um momento de raiva, desejar o mal para alguém, ou coisa assim, eu procurava logo bater numa madeira para cortar o efeito, pois minha energia sempre foi muito forte. Quando eu era adolescente, meus pais ficavam preocupados se eu chegasse tarde.

Para qualquer lugar que eu fosse, minha mãe ficava preocupada porque poderia acontecer alguma coisa ruim comigo, queria me proteger e, enfim, nunca aconteceu nada. Acho que isso é a melhor prova, pois, todas as vezes que ela se preocupou, diria mesmo em 100% das vezes, eu estava bem. Se acontece alguma coisa inesperada com amigos, em um ambiente qualquer, alguém se atrasa, não aparece por algum motivo, eu sempre penso que a pessoa está bem e que assim que ela tiver condições irá entrar em contato e tranquilizar a todos. Estatisticamente, isso é verdadeiro, as coisas boas acontecem, as coisas ruins não acontecem com tanta intensidade como as pessoas pensam. As pessoas fazem muita tragédia, muito drama: mas isso assim pode acontecer, e pensam isso e aquilo. Não vamos ficar pensando assim, vamos pensar no bom, no positivo, esse procedimento não só não atrai o mal como ainda faz pensar em algo bom, ou seja, não gasto meu tempo só me defendendo do ruim, eu gasto o meu tempo focando no melhor, novo, no mais. Porém, eu me acho um realista, eu tenho o pé no chão, não sou um lunático, não tenho a ingenuidade de achar que algo ruim não possa vir. Mas, claro, meu otimismo está dentro de um limite porque a vida surpreende a gente de todas as formas. No entanto, eu acho que, das opções que você tem, ou focar no positivo ou focar no negativo, vamos focar no positivo. Em termos de comportamento, procuro ser a pessoa mais espontânea possível, porém, autêntica. Eu sintetizo esse pensamento, essa energia no lidar com as pessoas. Eu tento no dia a dia fazer as pessoas felizes e entendo também que toda a energia que você põe para fora retorna para você; se você põe energia negativa recebe energia negativa, se põe energia positiva recebe energia positiva. Então, eu tento, ao máximo, distribuir energia positiva às pessoas que estão ao meu redor, sempre dando um bom dia, sempre fazendo uma gentileza, pois gentileza gera gentileza. Uma palavra, um gesto, um sorriso, ceder a vez. Qualquer coisa com que as pessoas estando a sua volta se sintam bem e faça a energia ficar propícia às coisas boas acontecerem. E deixo um pedido: parem de reclamar da vida, vejam o lado positivo. Não adianta reclamar de algo que quebrou, do tempo que está ruim, não adianta. Ninguém vai mudar o tempo, vai? Então, que faça algo que se coadune com o tempo ruim; fica na cama, agarradinho, come pipoca vendo um filme. O tempo está bom? Então vamos para a praia. Existe um ditado antigo que eu costumo usar que diz: você tem que ajustar as velas ao vento. Não é que o vento vai soprar sempre na direção que você quer ir, você é que tem que ajustar suas velas na direção em que você quiser ir. Se você pensar sempre que o vento quer soprar na direção que você quiser ir vai ter dificuldade, vai ter problemas na vida, porque o vento não vai soprar somente porque você quer. Em resumo: eu me considero uma pessoa feliz, não que o destino seja perfeito, mas eu acho que a felicidade é você tirar o bom da vida. Você estar em paz consigo mesmo, ter a noção de estar conquistando as coisas que busca. **Não sei se uma pessoa otimista é feliz, ou vice-versa, não sei quem nasceu primeiro, se o ovo ou a galinha, mas o que eu sei é que as pessoas devem parar de reclamar e passar a olhar a vida com um olhar positivo, porque a negatividade é o caminho pra infelicidade, não tenham dúvida disso."**

■■■■■■■■

5
PERDÃO, A CHAVE PARA A LIBERDADE

Sempre que se fala do ato de perdoar imediatamente surge a ideia de que esta atitude está relacionada a uma postura religiosa. De fato, é uma prática naturalmente esperada de uma pessoa que tem respeito e amor ao próximo, mas perdoar não precisa ser uma experiência relacionada a religião alguma. Entretanto, com o Cristianismo aprendemos que a mágoa e o rancor nos tornam "pecadores". E aos pecadores será vetado o Reino dos Céus. Dessa crença, muitos conflitos internos se estabelecem.

As definições ajudam a mostrar o quanto a mágoa é perigosa para nossa saúde:

- **Mágoa** = desgosto, pesar, amargura, tristeza. Do latim maculas.
- **Mácula** = mancha, nódoa, desdouro, infâmia.
- **Ressentimento** = ato ou efeito de ressentir = magoar-se fundamente, sentir os efeitos ou consequências; mostrar-se ofendido.

A mágoa, na maioria das situações, está relacionada com as expectativas que depositamos sobre outras pessoas. Ou, em alguns casos, causada pelo comportamento de alguém. Os sentimentos e comportamentos do outro jamais serão de acordo com nossas necessidades. Sempre haverá um fio de discrepância entre o meu sentir e o de outra pessoa. Então, para viver melhor e mais leve, devemos aprender a nos libertar das expectativas. Enfrentamos a frustração e o gosto amargo da mágoa quando nossas expectativas não se cumprem, quando a infidelidade e a traição dos acordos acontecem, quando não somos reconhecidos em nossos gestos de amor. E é muito comum que o magoado desenvolva sentimentos de vingança. Muitas pessoas ficam presas nessa teia do ressentimento e seu objetivo principal é "dar o troco". Fazem milhões de planos de vingança, se perdem nos detalhes, ficam paralisadas nesta elaboração mental. As consequências são sempre desastrosas para o magoado. O acúmulo de sentimentos negativos facilita doenças emocionais e físicas. A única saída para as mágoas e os ressentimentos é a prática do perdão. A palavra grega traduzida como "perdoar" significa literalmente cancelar ou remir. Significa a liberação ou cancelamento de uma obrigação.

Pesquisas e estudos vêm comprovando os benefícios, tanto mentais quanto físicos do ato de perdoar. Charlotte Van Oyen Witvliet, professora de Psicologia do Hope College, em Michigan, EUA, e seus colegas fizeram uma experiência com 71 voluntários. Nela, foi pedido a eles que se lembrassem de alguma ferida antiga, algo que os tivesse feito sofrer. Nesse instante, foi registrado o aumento da pressão sanguínea, dos batimentos cardíacos e da tensão muscular, reações idênticas às que ocorrem quando as pessoas sentem raiva. E, quando foi pedido que eles se imaginassem entendendo e perdoando as pessoas que lhes haviam feito mal, eles se mostraram mais calmos, e com pressão e batimentos menores.

Você pode estar se perguntando: "Como posso desejar o bem de quem me causou dor? Como lidar com a traição e o abandono, que escurecem os meus olhos e 'sujam' meu coração?"

Somente o perdão pode libertá-lo da "culpa" e da dor.

Não se iluda. Perdoar não é dar razão a quem te magoou, mas, antes de tudo, perdoar é fazer uma escolha por você, pela sua paz, por sua saúde física e mental.

Essa dor emocional transparece no corpo. Não raro, a depressão e a angústia se alojam, transtornando, ainda mais, a vida de quem sofre uma decepção e não consegue digeri-la.

A mágoa causa muita dor e desconforto. É muito difícil de ser "limpa", principalmente nas situações de infidelidade.

Para fazer esta limpeza emocional é necessário que você perceba sua participação no mal que te causaram. Difícil, eu sei, assumir esta parte. Porém, sem uma avaliação correta da sua responsabilidade, não conseguirá caminhar para frente. Não deixará a posição de vítima.

Muitas pessoas não conseguem seguir em frente após uma traição. Paralisam na dor e não conseguem se livrar da mágoa. Repisam mentalmente sua amargura e decepção. Perseguem o traidor com discursos, perguntas intermináveis sobre o fato. Querem entender, mas com isso só se magoam mais. O "traidor", diante da pressão e da culpa, se confunde nas respostas e só piora a angústia do traído.

Estabelece-se um círculo vicioso em que o silêncio tortura e a revelação da verdade martiriza. Como superar e romper com esta prisão? Só o perdão será o antídoto para este veneno.

Porém, perdoar não é fácil. A maioria das pessoas acha que perdoar é "esquecer", passar uma borracha no ocorrido. Na verdade oferecer o perdão nada mais é que se libertar do ocorrido, deixar ficar no tempo certo o fato acontecido. Aconteceu no ano 2000 e até hoje você carrega a lembrança "viva" do que houve? Qual o ganho dessa recordação? Perdoar é aceitar que não pode modificar a realidade dos fatos. E que, apesar da dor, frustração, abandono, traição e decepção, sua vida continua e é possível seguir seu caminho. Seu sofrimento não precisa ser para sempre. E também é preciso entender que não precisa se reconciliar com quem causou esse dano emocional.

Um importante aprendizado pode ser extraído de uma vivência de mágoa.

Recentemente, atendi uma mulher de 80 anos que havia ficado viúva há poucos meses. Além da dor da perda, sua maior dor era a mágoa. Seu marido a havia traído em inúmeras ocasiões e por muito tempo. Ela nunca quis se separar. Achava impossível cuidar dos filhos sozinha. Então, sua alternativa foi "engolir" a infidelidade de seu marido.

Porém, isto lhe custou muita mágoa. **Quando ele adoeceu, ela manteve-se firme ao seu lado, mas sempre esperando que ele lhe pedisse perdão. Ele não o fez.** E isto teve uma repercussão devastadora sobre ela. Seu luto ficou marcado por muita raiva. Pensava nele obsessivamente, desejando-lhe o pior, que estivesse no inferno etc. "Falava" com ele todos os dias, xingando-o em voz alta pela casa. Havia uma foto dele sobre um móvel na sala, com outras fotos da família, ela o escondeu atrás dos outros porta-retratos porque não suportava olhar para ele. Perguntei por qual motivo não o retirou e guardou. E ela me respondeu que não queria magoar os filhos. No período de tempo em que estivemos juntas no processo psicoterápico, falamos exaustivamente de todas as suas lembranças conjugais. E foi ficando claro o grande amor que sentiu por ele, por toda a vida juntos. Este amor foi o meu grande aliado para tirá-la daquela dor. Mostrei-lhe este sentimento e, em muitos momentos, demos boas risadas das suas lembranças. Ela começou a reconhecer e foi acalmando-se. Suas lembranças amorosas com ele foram aliviando a raiva e o ressentimento que carregava. Disse até que tinha mandado celebrar uma missa para ele, ao que antes se recusava. Durante um bom período queria mesmo é que ele ardesse no fogo do inferno. Como ela vivenciou tudo isso já idosa, houve repercussões em sua saúde. Um processo de esquecimento se acelerou e um quadro depressivo, já esperado, se consolidou. Foi encaminhada para médicos especialistas e atualmente está bem mais tranquila.

Para o seu bem viver, pergunte-se:

– Já magoei alguém?

– Pedi perdão a essa pessoa?

– Já sofri alguma decepção\traição que me tenha levado a oferecer meu perdão?

– Consegui perdoar?

– Se não, por que me mantenho preso nessa teia de sofrimento?

– Pensando numa saída para esta dor, o que poderia ajudar-me?

> *"Iniciou um processo de convencimento de que para prosperarmos deveríamos retirar nossas economias do banco, que os rendimentos eram muito baixos."*

Patrícia, professora aposentada, 73 anos, dois filhos, três netos.

"A grande mágoa da minha vida envolveu a psicóloga com quem me tratava. Ela foi indicada e, muito bem recomendada, pelo meu médico neurologista. O fato que vou relatar aconteceu há ao menos 20 anos. Mantinha com ela uma relação de muita confiança e intimidade, como acredito ser o natural de qualquer relação terapêutica. À medida que ela conhecia minha vida, em todos os seus aspectos, começou a questionar a maneira como eu e meu marido conduzíamos nossas finanças. Iniciou um processo de convencimento de que para prosperarmos deveríamos retirar nossas economias do banco, que os rendimentos eram muito baixos. Disse-me que seu marido tinha ótimas ideias de bons negócios e investimentos. Conversei com o meu marido e ele ficou interessado em conhecer o marido dela. Eles se conheceram e meu marido colocou nas mãos dele (o marido da minha psicóloga) um bom dinheiro, que propôs aplicar em um ótimo negócio. Afirmou que ao final de um ano teríamos um excelente retorno. Enquanto isso permanecia na Psicoterapia. Ao transcorrer o primeiro ano, procurei por ele, que aqui prefiro chamar de senhor X, para receber o lucro. E, qual não foi minha decepção, ele me disse que ao invés de nos repassar o lucro resolveu reinvestir. O que fez sem nos consultar. Este episódio gerou em mim muita preocupação e desconfiança, então resolvemos não passar para ele nenhum dinheiro para aplicação. Fui, devagar, me desligando da Psicoterapia, já não conseguia confiar na psicóloga, e acabei por abandonar o tratamento. Após este desligamento procuramos, várias vezes, o senhor X (marido da terapeuta), sem sucesso. Definitivamente havíamos perdido nosso dinheiro. Resolvemos entrar na Justiça. A psicóloga sentiu-se ofendida e me telefonou pedindo que retirássemos o processo contra eles. Porém, a esta altura já estava bastante decepcionada e magoada,

gostava muito dela e o "golpe" foi muito grande para mim. Não retiramos o processo, que se arrasta nestes 20 anos, sem nenhum acordo ou solução. Hoje teríamos um valor consideravelmente alto a receber. Entretanto, soubemos através de nosso advogado que a psicóloga e seu marido, que veio a falecer neste período, têm vários processos contra eles, que já haviam enganado outras pessoas da mesma forma e tudo sem desfecho favorável aos "enganados". Fiquei desolada com a constatação de que não tínhamos como reaver nosso dinheiro. Sofri muito, mas não a denunciei ao Conselho Regional de Psicologia do Rio de Janeiro, o que talvez tenha sido um erro. Seria uma maneira de impedi-la de continuar manipulando e enganando outras pessoas. Mas, não consegui. Depois de vários anos, sem digerir esta mágoa, resolvi procurar outra psicóloga. Comecei a rever a história e fui encarando a realidade dos fatos. Entendi que não podia mais continuar presa nessa teia dolorosa. Passei a perceber melhor as pessoas e resolvi, dentro de mim, perdoá-la pela sua pobreza de espírito. Compreendi que eram mesmo pessoas do mal. Fiquei bastante aliviada quando decidi colocar 'uma pedra em cima' de tudo."

■■■■■■■■

> "*A mágoa que tinha do meu avô acabei transferindo para os meus pais. Tinha muita raiva da passividade que mantinham diante do controle absoluto de meu avô.*"

Clara, 59 anos, casada, dois filhos, médica

"Sou a segunda filha de uma família de classe média baixa do interior do Rio de Janeiro. Minha mãe, moça simples do interior, conheceu meu pai, um jovem carioca, na casa de uma família amiga de meus avós. Namoraram pouco tempo e logo se casaram. Ficaram morando na cidade natal de minha mãe, no norte fluminense, porém meu avô paterno ofereceu condições aos meus pais de terem uma vida melhor e, então, mudaram para a Tijuca, bairro de classe média alta, na zona norte do Rio de Janeiro, para um apartamento comprado por ele. Sua postura de doação causava em todos a impressão de que era de fato um homem muito bom. Porém, o tempo mostrou que não era bem assim. Mantinha controle absoluto sobre os meus pais. Manipulava-os e cobrava total dedicação a ele.

Eu, ainda pequena, percebia aquela situação e me incomodava muito. Percebia a prisão familiar na qual nos encontrávamos. Logo que comecei a trabalhar, aos 25 anos de idade, comecei a estimular meus pais a se afastarem de meu avô. Fazia uma oposição frontal a ele. Tinha muita raiva e mágoa dele.

Esses sentimentos relacionavam-se ao controle que exercia sobre nós, mas, também, ao sofrimento psíquico que enfrentei devido ao fato de ter sido abusada sexualmente por ele. Era muito pequena, talvez cinco anos. Ele me bolinava e ficava me observando quando tomava banho. Isso durou alguns anos, mas esta vivência foi tão forte que apaguei da minha memória. Estas lembranças só vieram à tona na minha adolescência, quando a minha sexualidade eclodiu. Tive um conflito intenso, com muitas dúvidas sobre meu desejo sexual. Afinal, gostava de homens ou mulheres? Entretanto, com a Psicoterapia consegui mergulhar na história familiar e entender que estava presa numa teia muito cruel, que fazia minha famí-

lia sofrer muito. A mágoa que tinha do meu avô acabei transferindo para os meus pais. Tinha muita raiva da passividade que mantinham diante do controle absoluto de meu avô. Porém, no tratamento psicanalítico, com muito esforço e coragem, fui me diferenciando dessa situação e consegui enxergar melhor a situação de meus pais e perdoá-los. Ajudei-os a mudarem de cidade. Foram para o sul do País.

O apartamento de meu avô, onde meus pais moraram por anos, tornou-se motivo de brigas e disputas. Meu avô havia comprado esse apartamento através de financiamento e meus pais quitaram a dívida, mas ele recusou-se a transferir a propriedade para os meus pais.

Fiquei anos sem falar com meus avós. Casei-me e não os convidei. Somente alguns anos após meu casamento, e meus avós já doentes, procurei-os e convidei-os para irem a minha casa. Foi um encontro tranquilo, porém frio. Entendi naquele momento que podia perdoá-los, não me atingiam mais.

Existia uma mágoa familiar e cada um tratou de resolver da sua maneira. Todos nós, meus pais, meu irmão e eu, conseguimos limpar esta mancha emocional que incomodava muito a todos.

Para mim foi um grande aprendizado este período da minha vida. ***Entendi que nesses scripts familiares exercemos muitas vezes papéis que não são nossos.*** *Existia uma série de determinantes que me empurravam para um determinado lugar, mas com a compreensão dos fatos e da história consegui sair daquele enrosco. O sentimento mais forte para mim é o de liberdade. Sou muito grata por ter me libertado a tempo de viver uma vida saudável com a família que constituí."*

■■■■■■■■

6
FÉ, COMBUSTÍVEL PARA A VIDA

De todos os assuntos tratados neste livro, considero este tema o mais complexo.

Por definição, podemos dizer que ter fé é simplesmente acreditar no que não se vê. E qual o mecanismo que nos leva a isso?

O que me impulsiona a acreditar no que não vejo?

Quando estudava sobre Psicanálise e li "O futuro de uma ilusão", onde Freud questiona a existência de Deus, fiquei extremamente mexida. Eu, que sempre me interessei pelas religiões e fui criada na Igreja Católica, deparei-me com seus argumentos de que "criamos" esta necessidade de um Pai Maior para sentirmo-nos protegidos.

Qual o futuro da humanidade? Este é o ponto de partida de "O futuro de uma ilusão", ensaio escrito por Sigmund Freud (1856-1939), em 1927. Ele questiona: "Qual a origem psicológica da necessidade do sentimento religioso no indivíduo? O que faz uma pessoa crer num sistema irracional, indemonstrável e de recusa à realidade?" Freud explica que a religião seria, para a humanidade, a neurose obsessiva das crianças, da sua ligação com o pai primitivo.

Se ele estiver certo neste aspecto, o homem se afastará da religião à medida que seu processo de crescimento e de superação da neurose se estabeleça.

Afinal, trocando em miúdos, para Freud, a crença em Deus reflete a nossa imaturidade para encarar a vida e administrar nossos instintos.

"E agora?", me perguntei?

Sigo a "Escola Freudiana" e deixo cair por terra minha crença em uma energia superior, em Deus?

Não joguei ao chão o que havia aprendido, absorvi os ensinamentos do pai da Psicanálise e segui somando, dentro de mim, os melhores ensinamentos recebidos. Tanto dos estudos freudianos quanto das filosofias espirituais que busquei.

O material psicanalítico é o inconsciente, onde muitas informações importantes ficam armazenadas. Este conceito se confunde com a própria Psicanálise, tanto que podemos resumir todo o saber psicanalítico a partir do inconsciente. Freud elaborou a teoria psicanalítica no fim do século XIX e primeira metade do século XX. Ele vivia em Viena, em um contexto histórico e filosófico marcado por uma grande fé na Ciência, guiado pela razão e pela racionalidade. Para ele, o homem é oprimido pela sua cultura e busca na religião uma maneira de enfrentar essa opressão.

É da condição humana ter medo do que não pode controlar: a natureza, a morte, as dúvidas existenciais. O homem sente-se desamparado, sem respostas para suas angústias. Tudo isso - segundo Freud - gera nele uma pesada opressão, e só consegue alívio desenvolvendo a fé em um Deus e nas crenças religiosas.

Freud diz que muito da força da religião tem sua origem na infância, quando experimentamos uma profunda sensação de desamparo, que desperta a necessidade da proteção de um pai.

Esse sentimento de desamparo nos acompanha ao longo da vida, levando-nos a uma busca de um pai mais poderoso.

Esta crença num pai poderoso e divino nos protege do medo diante dos perigos da vida. Freud afirma que as ideias religiosas são ilusões e que o segredo da força das religiões reside nesta forte necessidade infantil de amparo.

Com o passar dos anos, após uma intensa luta interna, tornei-me espírita praticante, e cada vez mais percebo a intersecção entre os estudos da Psicologia e da Psicanálise com os estudos de Allan Kardec. Como psicóloga e psicanalista, questionei (e continuo questionando) muitas "manifestações espirituais". Porém, com o caminhar no estudo e na prática espírita, vou reconhecendo algumas verdades.

Freud tinha apenas um ano de idade quando o educador francês Hippolyte Léon Denizard Rivail, sob o pseudônimo Allan Kardec, publicou em 18 de abril de 1857, "O Livro dos Espíritos", uma das obras básicas do espiritismo. Como pesquisador dos fenômenos espíritas, Kardec interessou-se pelo estudo dos arquétipos individuais e coletivos, que mais tarde seria material de pesquisa de Alfred Adler e Carl Gustav Jung. Adler manifesta uma preocupação biológica, tanto quanto Freud e Jung. Freud enfatiza o sexo, Jung os padrões primitivos de pensamento e Adler o interesse social.

Freud e Kardec reconhecem o inconsciente como um "lugar" importante no psiquismo do homem. Entretanto, existem diferenças essenciais entre eles na definição desse conceito.

Para Freud o inconsciente é onde estão nossas lembranças traumáticas e as memórias filogenéticas, da espécie humana. Jamais se envolveu em qualquer investigação que o fizesse concluir que aí também estivessem recordações de outras vidas. Isso foi objeto de estudo de Carl Jung.

Para Kardec, nosso aparelho psíquico, onde reside o inconsciente, é o depósito da energia cósmica universal. Afirma que em nós existe um conhecimento acumulado, pronto para entrar em ação. As maiores e mais ricas informações estão "guardadas" neste arquivo. Onde residem memórias individuais e coletivas, dessa e de outras vidas. Para ele, a mediunidade é um fenômeno psíquico.

Kardec foi um dos pioneiros a propor uma investigação científica, racional, baseada em fatos observáveis, das experiências espirituais. Elaborou uma doutrina fundamentada nestas experiências, a que deu o nome de Espiritismo. Em relação à fé, conclui que ela deve ser raciocinada. Que devemos usar os meios racionais para julgarmos os fatos e circunstâncias que se apresentam para nós, sermos conscientes e donos do que desejamos.

Na busca pela compreensão sobre o que é a fé, começo a concluir que ter fé é, essencialmente, "enxergar" através do estudo, a constatação dos fatos.

Ter fé é pensar sobre o que "não vejo". E não, simplesmente, aceitar tudo o que me dizem.

Ter fé é buscar as respostas para as minhas dúvidas, sem achar que elas virão dos outros, mas sim de dentro de mim.

Afinal, para acreditar em qualquer coisa fora de mim, preciso primeiro acreditar em mim, na minha força pessoal e na minha capacidade de superação.

Com o passar dos anos, cada vez mais concordo com Freud que, para muitos, acreditar em Deus é apenas um mecanismo infantil de transferirmos para o outro a responsabilidade dos nossos atos.

Também a doutrina de Kardec nos mostra, através do "Livre Arbítrio", a necessidade de sermos responsáveis por nossa vida.

Concordo inteiramente com Kardec, a fé precisa ser raciocinada. Não podemos, nem devemos, acreditar em tudo o que nos dizem. E muito menos pautarmos nossa vida em teorias que não entendemos, simplesmente repetindo e aceitando o que ouvimos de alguém. Ou ergueremos nossas crenças sobre pessoas.

Aproveito para compartilhar uma experiência de Chico Xavier relatada no livro "Lindos casos de Chico Xavier", autoria de Ramiro Gama, Editora Lake.

"Um simpatizante do Espiritismo, residente em Santos, Estado de São Paulo, veio a Pedro Leopoldo, asseverando desejar conhecer o Chico para melhor acertar os seus problemas de fé. O médium, no entanto, empregado de uma repartição, não dispõe do tempo como deseja e, por determinação de sua chefia, estava ausente de casa. O visitante insistiu, insistiu... E como não podia deter-se por muitos dias, regressou a penates, dizendo a vários amigos:

– Duvido muito da mediunidade. Imaginem meu caso com o Chico Xavier. Viajo para Pedro Leopoldo, com sacrifício do tempo e dinheiro. Chego à cidade e informam-me, sem mais aquela, que o médium estava ausente. Perdi minha fé, pois tenho a ideia de que tudo seja simples fraude e estou convencido de que o Chico se esconde para melhor sustentar a mistificação.

Um dos companheiros de ideal escreve, aflito, ao Chico, relatando-lhe a ocorrência.

– Não seria aconselhável procurar o queixoso e atendê-lo?

O pobre homem parecia haver perdido a confiança no Espiritismo.

O médium, muito preocupado, pede o parecer de Emmanuel e o devotado orientador responde-lhe, com serena precisão:

– Deixe este caso para trás. Se a fé nesse homem for erguida sobre você é melhor que ele a perca desde já, porque nós todos somos criaturas falíveis. A fé para ele e para nós deve ser construída em Jesus, porque somente confiando em Jesus e imitando-lhe os exemplos é que poderemos seguir para Deus.

Ter fé independe de ter uma religião. Existem pessoas com muita fé que não professam nenhuma crença religiosa.

A ideia de Deus é muito pessoal e específica para cada indivíduo. Você pode ser católico, evangélico, umbandista, muçulmano, judeu, budista, não importa. Sua fé, baseada nos ensinamentos da sua prática religiosa, com certeza terá a mesma força.

Deus pode ter muitos significados a partir das vivências de cada um. O Deus que existe em mim se fortalece a cada dia com a prática da tolerância e da doação ao próximo. Dessa maneira, vou aprimorando minha fé no invisível.

Sei, mais do que nunca, que tudo parte de mim, da minha postura e dos meus pensamentos. Quanto mais responsável pela minha vida, mais acredito no poder do imponderável.

Faça uma análise pessoal e se pergunte o quanto está "ligado" em você.

Esta ligação consigo mesmo é a ponte para Deus. O passaporte para sua fé.

Pesquisas sobre a fé

Jeff Levin, epidemiologista social e membro sênior de pesquisas do National Institute for Healthcare Research; faz parte do Conselho Consultivo do Center on Aging, Religion and Spirituality; é integrante do Conselho Administrativo do Shepherd's Centers of America, e ex-chairman do National Institutes of Health Working Group on Quantitative Methods in Alternative Medicine. Suas pesquisas têm sido financiadas por importantes organizações, entre as quais o NIH, a American Medical Association e o Institute of Noetic Sciences. O trabalho de Levin tem sido comentado na Times, no USA Today, no Reader's Digest, no JAMA, no Newsday e no Maclean's, e na NPR, PBS, CTV e CBN. Mora com a mulher, a dra. Lea Steele, no Kansas.

Levin dedica-se há mais de 25 anos a pesquisar a respeito da influência da espiritualidade na saúde das pessoas. Os resultados das pesquisas que realizou sobre o assunto estão em seu livro "Deus, fé e saúde" (Editora Cultrix). Além disso, já existem aproximadamente seis mil estudos publicados.

Ele afirma que seria errado interpretar essa pesquisa dizendo que a pessoa precisa ser religiosa ou acreditar em Deus para ser saudável. Absolutamente. Essa é a interpretação incorreta mais comum da pesquisa e está relacionada a um equívoco que os estudos epidemiológicos podem nos esclarecer. Para ficar claro, fé é simplesmente um dos muitos fatores, juntamente com histórico médico, exposições a ambientes, imunidade, comportamento, acesso a cuidados com a saúde e outros, que podem ter impacto sobre a saúde humana e bem-estar de muitas pessoas.

Segundo ele, a fé dá sentido aos acontecimentos.

A principal função da religião, de acordo com o antropologista **dr. Clifford Geertz**, é prover um sentimento de ordem e significado à vida. **Dr. Viktor Frankl**, psicanalista e sobrevivente do Holocausto, disse insistentemente a mesma coisa. Se a religião pode nos ajudar a encontrar o sentido dos acontecimentos que de outra forma parecem não ter sentido, e se isso pode nos ajudar a tirar algo positivo da vida, mesmo das circunstâncias mais trágicas, então não é de estranhar imaginar que isso pode melhorar o nosso humor, reduzir nossa ansiedade e depressão, fortalecer nossa resposta imunológica e acentuar nossa recuperação de uma doença.

Muitas pesquisas no Brasil vêm sendo realizadas nos últimos anos procurando entender e explicar "o poder da oração e da fé".

Segundo alguns médicos brasileiros, a fé pode ser uma grande aliada da saúde, faz bem para a imunidade, melhora a resposta a processos de quimioterapia ou radioterapia, por exemplo, e ainda pode ajudar a combater depressão, ansiedade e problemas de sono.

Para comprovar essa tese, um trabalho do Instituto Dante Pazzanese, de São Paulo, concluiu que a prática regular de atividades religiosas - sejam elas quais forem - pode reduzir o risco de morte em 30%.

Isso porque ter uma religião promove bem-estar psicológico, menos pensamentos e comportamentos suicidas, menos consumo de álcool e drogas e um maior incentivo a hábitos saudáveis. O estudo mostrou ainda que a religião contribui também para reduzir a carga viral em pacientes com HIV, além de reduzir mortes por AVC e problemas cardíacos.

Estudos mostram, inclusive, que os pacientes que recebem orações, mesmo sem saber, têm melhora no quadro de doenças em comparação aos que não recebem, como explicou o oncologista paulista Fernando Maluf.

A Organização Mundial da Saúde (OMS) reconhece a espiritualidade como um fator que não deve ser desprezado, porque pode gerar equilíbrio e declara que, quando ela é bem empregada, o resultado observado é um reflexo positivo na saúde psíquica, social e biológica, tal como o bem-estar do indivíduo.

Para o seu bem viver, pergunte-se:
– Por que preciso acreditar em algo ou alguém?
– O que busco para minha vida?
– O que e quem é Deus para mim?
– Acredito no que não vejo? Por quê?

> *"Uma vez ela nos disse: você e seu irmão são o exército pra salvar a nossa família."*

Melissa, 55 anos, solteira, engenheira aposentada, duas filhas.

"Nunca tive problemas graves no relacionamento com meus pais, levávamos uma vida familiar tranquila, até que minha mãe descobriu que meu pai tinha um caso extraconjugal, o que afetou bastante nossa rotina familiar. Ela passou a ser uma pessoa mais agressiva, sempre falava desse caso na frente de outras pessoas e acabava gerando um clima muito desagradável. Fiquei muito mexida com essa situação. Isso influenciou minha atitude perante a vida, perante meus namorados e também no meu relacionamento com meus pais. Essa questão me atrapalhou muito, porque a minha mãe me colocava para ficar vigiando meu pai. Foi péssimo, durante muito tempo minha mãe se fazia de vítima. Eu e meu irmão não brigamos com meu pai, procuramos manter um clima de que estava tudo bem na família. No fundo, a gente ficava contra a atitude dele e vigiando um pouco seu comportamento para tentar preservar a integridade da nossa mãe. Uma vez ela nos disse: "Você e seu irmão são o exército pra salvar a nossa família". E essa questão não se resolveu com o tempo. Meu pai, aparentemente, teve vários casos amorosos, até que ficamos sabendo que ele tinha uma filha de 12 anos do relacionamento que minha mãe havia descoberto. Tudo veio por água abaixo, houve uma grande confusão na família. Essa descoberta foi tão impactante que eu e meu irmão pensávamos que minha mãe iria se separar dele e isso não aconteceu. Ela ficou mal, ficou muito deprimida como nunca havíamos visto. Minha mãe sempre trabalhou, sempre foi muita ativa, muito forte. Ficou irreconhecível. Eu e meu irmão fomos conversar com meu pai e sugerir que desse um tempo e saísse um pouco de casa. Meu pai aceitou, mas, para nossa surpresa, minha mãe ficou pior ainda e uns 15 dias depois pediu pra ele voltar, assumir a família, pois ela não conseguia se separar dele. A verdade é que ele nunca tivera a vontade de se separar. Ele sempre disse que a vida dele era aqui, com a família. Dizia que poderia ter, tranquilamente, várias mulheres, que em

outros países era permitida a poligamia e que psicologicamente isso não o incomodava em nada. Achava apenas que estava vivendo no país errado. E, como para ele era uma situação muito normal, achava que nós também deveríamos aceitá-la dessa forma. E como minha mãe aceitou, da boca pra fora, nós fomos obrigados a conviver com essa situação. Quando soube da existência dessa irmã fiquei em choque, somente fui conhecê-la muito tempo depois, porque quis primeiro me preparar para esse encontro, para não levar nenhum rancor, nenhuma mágoa, nenhum sentimento negativo. E foi muito interessante, quando fui conhecê-la senti uma emoção muito forte, que não esperava sentir e que mexeu muito comigo. Senti que já a conhecia, senti um carinho imenso por ela e uma tristeza muito grande de não ter participado de seu crescimento, do seu nascer, crescer e se tornado uma adolescente. Porém, a minha mãe nunca aceitou essa minha irmã. Por sua vez, minha irmã pensava que meu pai era separado, então, sempre foi um quadro de muita mentira. Porém, eu não sei lidar com a mentira, tive que me afastar dela pra evitar mais problemas. E essa situação, infelizmente, não ficou bem resolvida, porque após a morte do meu pai, há um ano e meio, foi que minha irmã ficou sabendo que ele nunca havia se separado. Hoje, ela tem a versão dela de vida e eu tenho a minha versão de vida. São tantas realidades diferentes contadas pelo meu pai, ou seja, tantas mentiras, que ela não aceita muito bem essa situação. Acho que meu pai contava que morava na casa de meu irmão ou em outro lugar, eram tantas mentiras que a gente nem sabe direito o que ele inventava. O que importa é que para minha irmã ele tinha um relacionamento sério com a mãe dela e que não era mais casado com a minha mãe, embora meu pai não dormisse lá. Ele passava lá todo dia e jantava duas vezes, porque jantava lá e depois jantava em nossa casa. Um ano antes de ele falecer, minha mãe ficou gravemente doente e, em consequência dessa doença, perdeu a sua liberdade, perdeu todos os movimentos do pescoço para baixo, se tornou uma pessoa totalmente dependente. No final desse mesmo ano fui demitida da empresa em que estava e meu pai faleceu. Mas, se por um lado fiquei chateada, por ter ficado desempregada, por outro, pude conhecer melhor meu pai, conversar com ele, no tempo em que ficou hospitalizado. Disse-lhe algumas coisas que ele não gostou de ouvir mas que me fizeram bem falar e ele também me falou algumas. Além de ter sido demitida, ter perdido meu pai, encarar a nova condição da minha mãe, entrei numa crise conjugal e separei-me. Foi uma mudança de 360 graus em minha vida *nesses últimos três anos e eu sinto que ainda está mudando, que ainda não acabou de mudar. No entanto, eu tenho uma educação espiritual. Essa crença de que tem algo maior sempre acompanhou minha formação, mas, paralelo a isso, também dei muita importância à Psicoterapia, assim, aos 20 e poucos anos, na primeira gestação, eu já procurei ajuda psicológica e até hoje já fiz várias terapias, dividindo-as com os aconselhamentos espirituais. No meu caso, paralelo à terapia havia as reuniões que minha mãe fazia de evangelização, de estudos espirituais e eu sempre gostava de participar. Essa vivência espírita sempre me causou muita curiosidade, que procurava resolver através de leituras e palestras. Essa ligação com outra dimensão, com essa vibração positiva, me acompanha por toda a vida. Quando consigo fazer minha oração e conversar com meu anjo da guarda meu dia transcorre melhor. Quando não consigo fazer essa ligação com o outro plano fico mais irritada, mais impaciente. Acredito piamente nessa corrente positiva, nesse pensamento positivo. Não é que eu vá me livrar de todos os problemas, apenas lidarei melhor com eles no dia a dia; na fila do supermercado, na fila do banco, com as pessoas. Eu vou ter um melhor controle das minhas emoções porque estarei em outra sintonia. O conhecimento adquirido aqui vai com a gente para outra vida, a gente não perde.* ***O importante é a gente procurar melhorar, através do estudo, da leitura espírita, porque essa é a nossa missão na Terra: evoluir e aprender, no amor e na dor. Essa fé nas forças espirituais me mantém firme na minha caminhada, apesar das turbulências e tempestades."***

■■■■■■■■

> *"A fé leva você a ter um equilíbrio maior, ter mais respeito pelas pessoas."*

Carlos Augusto, 38 anos, casado, economista, uma filha.

"Sou casado, católico, tenho uma filha de cinco anos. Minha esposa também é católica e a gente mantém a prática de ir à missa aos domingos. E também pratico a leitura da Bíblia, de acordo com a leitura diária do catolicismo. Diariamente, a mesma leitura que estou fazendo na minha casa o Papa está fazendo em Roma, bem como uma igreja do interior do Sudão estará fazendo. Leio a primeira leitura, que é o Antigo Testamento, o Salmo e o Evangelho do dia. Faço isso porque acho importante ter essa referência em um Deus maior que me conduz, uma força suprema, superior e eu entendo como uma força a ser seguida, Jesus Cristo. A vida Dele e a passagem Dele pela Terra, os exemplos que Ele me deu e nos deu eu entendo que sejam exemplos a serem seguidos, de conduta e de uma série de outras coisas. Eu posso não ver Deus, mas eu sinto a sua presença, sinto o que é de Deus e o que não é de Deus e, sinceramente, eu não sei por que eu preciso ter uma prova da existência divina, pois é uma coisa já implícita. Não entendo o mundo sem Deus. A sua existência pra mim é clara, eu não tenho dúvida disso. Deus é a força suprema que conduz todas as coisas e, principalmente, é a luz, a totalidade da luz. Se eu quero o bem do próximo, a felicidade plena, essa felicidade está na luz, está em Deus. E ter fé, pra mim, é a certeza de que há um ser maior independente do que a vida material apresentar. É ter a certeza da existência dessa luz, ter a certeza dessa força suprema e tê-la como condução da minha vida, de conduta, de espiritualidade, tudo. Tenho essa crença em Deus porque em meu próprio histórico de vida, desde criança, passei por alguns períodos de doença, seriíssimos, caso mesmo de vida ou morte, sendo uma dessas situações uma complicação grave no intestino quando eu tinha apenas um ano de idade. Um quadro praticamente irreversível, mas minha família sempre se uniu em oração. Ao longo da vida de criança e adulto em todos os momentos em que eu tive dificuldade, poderia ser uma dificuldade instantânea, de um assalto ou algo nesse sentido, ou uma dificuldade de uma doença, de família, sempre recorri a Deus, para sempre buscar a melhor orientação. Eu não tenho dúvida de que, se não buscasse a melhor orientação naquele momento, não veria a vontade de Deus sendo realizada em mim, tanto com relação à situação de saúde, quanto nas outras dificuldades que passei. Então, pra mim, é fundamental o recolhimento, o elo, a ligação com Deus. Quando eu analiso outras situações em que eu não tive a percepção e a maturidade necessárias para estar sintonizado com Deus, naturalmente, a coisa foi em um caminho não muito interessante. Com sete anos, por exemplo, eu tive uma meningite muito forte, já contraí um sarampo surreal de forte, um problema intestinal gravíssimo já adulto. Tive um melanoma. E a experiência de você extrair um câncer e saber se ele havia se alastrado pelo seu corpo ou não faz de fato você ter um elo com Deus, mas o que acho é o seguinte: eu não vejo como Deus tendo me salvado do câncer não ter passado para o resto do meu corpo, entendo que o fato de estar em elo com Ele me fez ter a percepção de que aquele não era o meu momento, não era o momento que Ele queria que fosse o meu momento de partida. Eu acredito fortemente no poder da oração para você vencer os momentos difíceis da vida, no entanto, há tipos de orações diferentes, a minha oração é que seja feita a vontade Dele, em qualquer hipótese, em hipóteses que, teoricamente, sejam benéficas ou não pra mim. Eu entendo que o mais importante pra mim é que seja feita a vontade de Deus. Não seria uma oração de intervenção, como por exemplo: eu quero ganhar na Megasena, ou outra qualquer material, ou até não material, mas que seja feita a Sua Vontade. Então eu acho que, se essa oração está me levando a um elo direto com Ele, a vontade Dele vai ser feita. Apesar de ser muito religioso e crente, não tenho o hábito de citar o Evangelho, de pregar a Palavra de Deus. Acho que o que faz as pessoas confiarem e se apoiarem em mim é a minha linha de conduta. A fé leva você a ter um equilíbrio maior, ter mais respeito pelas pessoas. Você acaba mostrando Deus não tanto pelo que crê e sim pelos seus atos. Então, as pessoas devem pensar: "Qual é a desse cara, ele é evangélico, ele é espírita?" Porque eu não falo. Muitos vêm me perguntar: "Você é católico? Vai à missa aos domingos?" Às vezes, abrem a minha gaveta e veem uma Bíblia lá, embora eu não pregue no meu trabalho. Entretanto, mesmo com muita fé, teve um momento da minha vida em que houve um desequilíbrio desse cenário, sentia necessidade de resolver questões do meu passado para ser uma pessoa melhor, para me desenvolver, enquanto homem, pessoa, profissional. Quando existe um desequilíbrio, uma situação de conflito, uma dificuldade, é importante buscar por uma solução e melhora. Então, fui ao encontro da Psicoterapia, onde consegui entender melhor o meu ambiente familiar, estudar o meu passado, como fui criado, o que fez com que eu chegasse até aqui. Este processo foi fundamental na minha vida, adquiri ferramentas para me conhecer melhor e ao mundo, evoluir e exercer plenamente minhas capacidades. Uma delas é a minha espiritualidade e meu conhecimento sobre mim mesmo. Não tenho dúvida de que o autoconhecimento e a religião são coisas que caminham juntas. Acredito ter uma missão neste mundo, que é viver de acordo com os ensinamentos de Cristo: oferecer meu melhor ao próximo e, além disso, ter uma conduta correta, não fazer o mal, fazer o bem e fazer o bem é necessariamente pensar no próximo, ser uma pessoa íntegra. Na minha vida profissional, que o dinheiro seja apenas uma consequência do meu trabalho e não o contrário. Agregar as pessoas, tanto do ponto de vista pessoal como profissional, e é em torno disso tudo que tenho uma missão, ter uma vida espelhada na referência que foi Jesus Cristo. Sem a referência em um Deus maior a vida não faz muito sentido, para mim é claro e evidente, é certo que esse Deus maior existiu, existe e existirá e aí cabe a mim ou não estar próximo Dele. O maior desafio na vida cotidiana, no trabalho, na correria do dia a dia e da quantidade de informação que recebemos, é parar um momento e nos ligar a Ele. Para mim, se ligar a Deus é se ligar a você e às suas referências, seus pais ou quem quer que tenha lhe dado amor. Tire um tempo do seu dia para se dedicar a Deus, ao amor e dessa forma verá que as coisas serão melhores em sua vida. E esse momento de se desligar de tudo pode ser em qualquer lugar. Obviamente, se você estiver em um lugar mais propício, em silêncio, é mais adequado, mas, na vida cotidiana, é difícil. Exemplo: às vezes, estou em minha casa, na hora de levantar, e dedico minha oração àquela noite que passou, ao dia que está chegando e peço a Ele que me auxilie para que aquele dia seja um dia abençoado, um dia em que possa estar mais próximo da minha referência, que é Jesus Cristo. Mas, eu posso rezar dentro de um táxi, 30 segundos, antes de entrar numa reunião com um cliente: "Senhor, habita nessa reunião, que seja uma reunião boa pra mim e pra esse cliente. Que a Tua luz abençoe essa relação como a nossa aqui agora". A qualquer momento esse elo pode ser restabelecido. **Mas de uma coisa eu tenho certeza: todo dia em que eu buscar esse elo, me dedicar mais a Deus, minha satisfação e alegria serão maiores do que no dia em que me dediquei menos a Ele."**

CONCLUSÃO

Há dez anos comecei a colocar no papel as ideias deste livro. Neste período muitos acontecimentos na minha vida fizeram com que deixasse este projeto "dormindo". Várias vezes pensei em retomá-lo, mas tinha muitas dúvidas sobre se devia prosseguir. Até que, exatamente no dia 1º de maio deste ano de 2016, um clique aconteceu dentro de mim. Não me perguntem o que houve e porque neste dia, de fato não sei. Porém, uma necessidade forte de refletir sobre todo o meu percurso de vida e profissional dominou meus pensamentos. Percebi, então, o quanto estava desprezando a bagagem que adquiri nos últimos 37 anos de prática clínica. Meu motor interno foi disparado e hoje consigo dar início a uma nova etapa escrevendo a conclusão desta obra.

Está sendo um grande desafio compartilhar minhas reflexões e experiências profissionais. São vivências pessoais, minhas e de alguns pacientes, que tão carinhosa e corajosamente se dispuseram a expor suas histórias. Não usei nenhuma bibliografia, escrevo a partir dos meus arquivos pessoais.

Espero, sinceramente, que tudo que está relatado neste livro possa atingir positivamente muitas pessoas.

Amo minha profissão. Sou de fato feliz e muito grata por ter escolhido esta direção. Quando fiz minha escolha não possuía muitas informações sobre o curso, mas uma certeza eu tinha: cuidar das pessoas e acompanhá-las em suas dores e alegrias era o meu caminho, era o que queria.

Minha história pessoal teve toda a influência nesta escolha. Era uma adolescente com muitos amigos. Sempre procurada para ouvir os problemas e aconselhar os que faziam parte de meu grupo de iguais. Os pais das amigas me adoravam. Era considerada ótima companhia. Acho que já estava mesmo no meu "sangue" este gosto por ouvir e buscar compreender o outro.

A cada dia tenho mais a certeza de que sem amar não dá para cuidar. Por isso, talvez, tantos sofram nas suas escolhas. Não conseguem se envolver verdadeiramente nas suas atividades. Agem no automático.

Posso concluir afirmando que para viver bem é absolutamente necessária uma boa dose de aceitação, coragem, otimismo, perdão e fé aliados a comprometimento, responsabilidade, disciplina, paciência, prudência e amor para administrar nosso dia a dia, com todos os conflitos e desafios que todos enfrentamos.

Agradeço por ter lido este livro até aqui.

Uma vida de amor e paz para você!